2024年版

中検４級試験問題

［第108・109・110回］
解答と解説

一般財団法人
日本中国語検定協会 編

白帝社

音声ファイルの再生方法について

■『中検 4 級試験問題 2024［第 108・109・110 回］』の音声ファイル（MP3）は，下記サイトにアクセスし，無料でストリーミングやダウンロードで聞くことができます。

https://www.hakuteisha.co.jp/audio/chuken/4-2024.html

■ **ストリーミングで聞く場合**（スマートフォン，パソコン，Wi-Fi がある所でおすすめ）：「ストリーミング」の下にあるトラック番号を選択（タッチまたはクリック）すると再生されます。

■ **ダウンロードで聞く場合**（パソコンでおすすめ）：「ダウンロード」の下にあるファイル名を選択（クリック）します。ファイルは ZIP 形式で圧縮された形でダウンロードされます。スマートフォンで行う場合の参考情報は，iv 頁をご覧ください。

■ 発行より年月がたっているものは，ダウンロードのみとなります。

■ 本文中の マークの箇所が音声ファイル（MP3）提供箇所です。会場での受験上の注意を収録したトラック 01，02，43 は，本書「問題」部分には記していません。

■ 本書と音声は著作権法で保護されています。

ご注意

＊ 音声の再生には，MP3 ファイルが再生できる機器などが別途必要です。

＊ ご使用機器，音声再生ソフトに関する技術的なご質問は，ハードメーカー，ソフトメーカーにお問い合わせください。

ストリーミングやダウンロードがご利用できない場合は CD をお送りします。下記白帝社宛にお問い合わせください。

171-0014　東京都豊島区池袋 2-65-1　白帝社 CD 係

info@hakuteisha.co.jp　Tel：03-3986-3271　Fax：03-3986-3272

①ご希望の CD の書名：『中検 4 級試験問題 2024［第 108・109・110 回］』，②お送り先の住所・電話番号，③ご氏名をお知らせいただき，④ご入金の確認後に CD をお送りいたします。

まえがき

私たちの協会はこれまで各回の試験が終わるごとに級別に試験問題の「解答解説」を発行し，また年ごとに試験問題と解答解説を合訂した「年版」を公表してきました。これらは検定試験受験者だけでなく，広く中国語学習者や中国語教育に携わる先生方からも，大きな歓迎を受けてきましたが，ただ主として予約による直接購入制であったため，入手しにくいので一般の書店でも購入できるようにしてほしいという声が多く受験者や学習者から寄せられていました。

その要望に応えるため，「年版」の発行を中国語テキストや参考書の発行に長い歴史と実績を有する白帝社に委ねることにしました。「各回版」の方は速報性が求められ，試験終了後直ちに発行しなければならないという制約を有するため，なお当面はこれまでどおり協会が発行し，直接取り扱うこととします。

本書の内容は，回ごとに出題委員会が作成する解答と解説に準じていますが，各回版刊行後に気づいた不備，回ごとの解説の粗密や記述体裁の不統一を調整するとともに，問題ごとに出題のねらいや正解を導くための手順を詳しく示すなど，より学習しやすいものになるよう配慮しました。

本書を丹念に読むことによって，自らの中国語学習における不十分なところを発見し，新しい学習方向を定めるのに役立つものと信じています。中国語学習者のみなさんが，受験準備のためだけでなく，自らの学力を確認するための目安として本書を有効に活用し，学習効果の向上を図られることを願っています。

2024年4月

一般財団法人 日本中国検定協会

本書について

本書は，日本中国語検定協会が2023年に実施した第108回（3月），第109回（6月），第110回（11月）中国語検定試験の問題とそれに対する解答と解説を，実施回ごとに分けて収めたものです。リスニング問題の音声はダウンロードして聴くことができます。

問　題

・試験会場で配布される状態のものに，音声のトラック番号を 03 のように加えています。ただし，会場での受験上の注意を収録した各回のトラック01，02，43は記していません。

解答と解説

・問題の最初に，出題のポイントや正解を導くための手順を簡潔に示しています。

・４択式の解答は白抜き数字❶❷❸❹で，記述式の解答は太字で示しています。解説は問題ごとに　　内に示しています。

・長文問題の右側の数字は，５行ごとの行数を示しています。

・リスニングの長文聴解や，筆記の長文読解の文章中の解答部分，あるいは解答を導く手掛かりとなる箇所には破線____のアンダーラインを施しています。

・準４級・４級・３級の問題文と選択肢の文すべて（一部誤答は除く）にピンインと日本語訳例を付し，リスニング問題にはピンインと漢字表記および日本語訳を付けています。

・ピンイン表記は原則として《现代汉语词典 第７版》に従っていますが，“不”“一”の声調は変調したものを示しています。

“没有”は動詞は méiyǒu，副詞は méiyou のように表記しています。

軽声と非軽声の２通りの発音がある場合は，原則として軽声の方を採用しています。例：“打算 dǎ·suàn”は dǎsuan，“父亲 fù·qīn”は fùqin，“因为 yīn·wèi”は yīnwei。

方向補語は次の例のように表記しています。

動詞“起”が方向補語“来”を伴う場合の可能・不可能形：“来”は非軽声。

起来 qǐlai ⇨ 起得来 qǐdelái 起不来 qǐbulái

（起き上がる） （起き上がれる） （起き上がれない）

動詞“赶”が方向補語“上”を伴う場合の可能・不可能形：“上”は非軽声。

赶上 gǎnshang ⇨ 赶得上 gǎndeshàng 赶不上 gǎnbushàng

（追いつく） （追いつける） （追いつけない）

複合方向補語“起来”を伴う動詞“拿”の可能・不可能形：“起来”は非軽声。

拿起来 náqilai ⇨ 拿得起来 nádeqǐlái 拿不起来 nábuqǐlái

（手に取る） （手に取れる） （手に取れない）

複合方向補語“起来”の“起”と“来”の間に目的語が置かれる場合：“起”は非軽声，“来”は軽声。

拿起书来 náqǐ shū lai ⇨ 拿得起书来 nádeqǐ shū lai

（本を手に取る） （本を手に取れる）

拿不起书来 nábuqǐ shū lai

（本を手に取れない）

“上来、上去、下来、下去、出来、出去”等はすべて上の例にならう。

・品詞名と術語は次のとおりです。

名詞 動詞 助動詞 形容詞 数詞 量詞（＝助数詞） 数量詞（数詞＋量詞） 代詞（名詞・動詞・形容詞・数量詞・副詞に代わる語） 擬声詞（＝擬声語・擬態語） 副詞 介詞（＝前置詞） 連詞（＝接続詞） 助詞 嘆詞（＝感動詞） 接頭辞 接尾辞

中国語の“状语”は状況語（連用修飾語），“定语”は限定語（連体修飾語）としています。

・音声のトラック番号は，03 のように示し，繰り返しのものを割愛しています。

解答用紙見本

・巻末にマークシート式の解答用紙の見本（70%縮小）があります。記入欄を間違えないように，解答欄の並び方を確認しましょう。

参考情報 スマートフォンで音声ダウンロードと再生を行う手順

https://www.hakuteisha.co.jp/audio/chuken/4-2024.html

・Android，iPhone：次の手順で再生してください。

① QR コードを読み取るか，ブラウザに URL を入力して，音声ダウンロードページを開きます。

⇩

② ダウンロードしたいものを選択（タッチ）すると，ダウンロードされます。

⇩

③ ダウンロードしたものが保存されている場所を開き，ダウンロードしたものを開きます。

⇩

④ ダウンロードしたファイルを選択し，聞きたいトラック番号を選択して，再生します。

＊スマートフォンの機種や使用アプリ，アプリのバージョンによって操作方法は少し異なることがあります。

目　次

4級第108回

(2023年3月)

問　題

解答時間：計100分

配点：リスニング100点，筆記100点

解答と解説

リスニング （⇨解答と解説11頁）

03 **1** ⑴～⑽の問いの答えとして最も適当なものを，①～④の中から１つ選びなさい。

（50 点）

04 （1）

① ② ③ ④

05 （2）

① ② ③ ④

06 （3）

① ② ③ ④

07 （4）

① ② ③ ④

08 （5）

① ② ③ ④

09 （6）

① ② ③ ④

10 （7）

① ② ③ ④

11 （8）

① ② ③ ④

12 （9）

① ② ③ ④

13 ⑽

① ② ③ ④

14 **2** 中国語を聞き，(1)～(10)の問いの答えとして最も適当なものを，①～④の中から1つ選びなさい。 (50点)

15
22

16
23

(1)～(5)の問いは音声のみで，文字の印刷はありません。

17 (1)
24 ①　②　③　④

18 (2)
25 ①　②　③　④

19 (3)
26 ①　②　③　④

20 (4)
27 ①　②　③　④

21 (5)
28 ①　②　③　④

29

36

30

37

31 ⑹ 我是什么时候来北京的？

38 ① ② ③ ④

32 ⑺ 我有几个中国朋友？

39 ① ② ③ ④

33 ⑻ 我为什么喜欢跟小李说话？

40 ① ② ③ ④

34 ⑼ 我们的共同爱好是什么？

41 ① ② ③ ④

35 ⑽ 小李为什么来晚了？

42 ① ② ③ ④

筆 記 （⇨解答と解説20頁）

1 1．(1)〜(5)の中国語①〜④の中から，声調の組み合わせが他と異なるものを１つ選びなさい。 （10 点）

(1) ① 发音 ② 春天 ③ 新年 ④ 星期

(2) ① 水饺 ② 黑板 ③ 铅笔 ④ 身体

(3) ① 流利 ② 银行 ③ 能力 ④ 迟到

(4) ① 作业 ② 外国 ③ 复习 ④ 课文

(5) ① 感冒 ② 早饭 ③ 饮料 ④ 网球

2．(6)〜(10)の中国語の正しいピンイン表記を，①〜④の中から１つ選びなさい。 （10 点）

(6) 公司 ① gōngsī ② kōngsī ③ gōngshī ④ kōngshī

(7) 非常 ① fēiqiáng ② fēicháng ③ huīcháng ④ huīqiáng

(8) 天气 ① diānqì ② tiānchì ③ tiānqì ④ diānchì

(9) 苹果 ① píngkuǒ ② píngguǒ ③ bíngkuǒ ④ bíngguǒ

(10) 参观 ① cāngān ② sāngān ③ cānguān ④ sānguān

2 ⑴～⑽の中国語の空欄を埋めるのに最も適当なものを，①～④の中から１つ選びなさい。 (20点)

⑴ 她穿着一（　　　）红毛衣。
① 条　② 件　③ 双　④ 张

⑵ 黄金周（　　　）到了。
① 还　② 再　③ 快　④ 想

⑶ 我去（　　　）两次上海。
① 过　② 着　③ 得　④ 的

⑷ 你喝酒了，（　　　）开车。
① 不会　② 不能　③ 不想　④ 不是

⑸ 我妹妹唱歌唱（　　　）很好。
① 的　② 地　③ 了　④ 得

⑹ 你（　　　）中国历史感兴趣吗？
① 给　② 向　③ 对　④ 在

⑺ 你的名字（　　　）念？
① 怎么　② 什么　③ 哪个　④ 哪里

⑻ 他昨天来了，今天（　　　）来了。
① 再　② 又　③ 还　④ 都

⑼ 现在外面下（　　　）大雨呢。
① 着　② 了　③ 的　④ 过

⑽ 明天（　　　）有时间的话，我就去。
① 因为　② 所以　③ 但是　④ 要是

3 1．⑴〜⑸の日本語の意味に合う中国語を，①〜④の中から１つ選びなさい。

（10点）

⑴ きょうはきのうほど暑くない。

① 今天没有那么热昨天。

② 今天那么热没有昨天。

③ 今天没有昨天那么热。

④ 今天那么没有昨天热。

⑵ このネクタイはデパートで買ったのです。

① 这条领带是在百货商店买的。

② 这条领带是百货商店在买的。

③ 这条领带是买的在百货商店。

④ 在百货商店这条领带是买的。

⑶ 日曜日にわたしの家に遊びにいらっしゃい。

① 来我家玩儿星期天吧。

② 我家星期天来玩儿吧。

③ 星期天来我家玩儿吧。

④ 星期天玩儿我家来吧。

⑷ 学校は駅からあまり遠くありません。

① 学校不太远离车站。

② 学校离不太远车站。

③ 学校离不太车站远。

④ 学校离车站不太远。

⑸ 昨夜わたしは３時間しか寝ていません。

① 昨晚我三个小时只睡了。

② 昨晚我只睡了三个小时。

③ 我只睡昨晚三个小时了。

④ 我三个小时只睡了昨晚。

2. ⑹〜⑽の日本語の意味になるように①〜④を並べ替えたときに，［　　］内に入るものを選びなさい。 （10 点）

⑹ 趙さんはわたしと同い年です。

小赵＿＿＿＿ ＿＿＿＿ ［＿＿＿＿］ ＿＿＿＿。

① 大　② 跟　③ 一样　④ 我

⑺ 彼女は毎日 5 回本文を音読します。

她每天＿＿＿＿ ＿＿＿＿ ［＿＿＿＿］ ＿＿＿＿。

① 课文　② 五遍　③ 念　④ 都

⑻ あなたは 10 時までに帰って来られますか。

你十点＿＿＿＿ ［＿＿＿＿］ ＿＿＿＿ ＿＿＿＿吗?

① 能　② 回　③ 来　④ 以前

⑼ 張くんが教室に入ってきました。

小张＿＿＿＿ ［＿＿＿＿］ ＿＿＿＿ ＿＿＿＿。

① 了　② 进　③ 来　④ 教室

⑽ あなたの家から学校までどのくらいかかりますか。

从＿＿＿＿ ［＿＿＿＿］ ＿＿＿＿ ＿＿＿＿多长时间?

① 要　② 到　③ 学校　④ 你家

4 次の文章を読み，(1)～(6)の問いの答えとして最も適当なものを，①～④の中から1つ選びなさい。 (20点)

星期天，爸爸妈妈带我和妹妹去海边游玩。海边的风景很美，游客也很多。

今天的天气 [(1)] 昨天好，阳光照在海面上，非常好看。沙滩上的沙子软软的，走在上面舒服极了。我和妹妹在沙滩上找贝壳。妹妹先找到了一个漂亮的贝壳，接着我也找到了两个大贝壳。我们走了 [(2)]，来到一块又高又大的石头面前。上面 [(3)] 很多游客。我和妹妹也爬了上去。站在石头上面远望，风景更漂亮，心情也更愉快。但是因为海风 [(4)] 大，我的帽子被吹走了。我拉着妹妹的手下来，回到了爸爸妈妈身边。

我们下午五点左右回家。爸爸开车，我们 [(5)] 车窗看到蓝色的大海和金色的沙滩越来越远，我心里感到非常快乐。我们度过了美好的一天。

(1) 空欄(1)を埋めるのに適当なものはどれか。

① 和　　② 比　　③ 对　　④ 跟

(2) 空欄(2)を埋めるのに適当なものはどれか。

① 一会儿　　② 一点儿　　③ 有点儿　　④ 一下儿

(3) 空欄(3)を埋めるのに適当なものはどれか。

① 在　　② 就　　③ 有　　④ 刚

(4) 空欄(4)を埋めるのに適当なものはどれか。

① 也　　② 再　　③ 太　　④ 才

(5) 空欄(5)を埋めるのに適当なものはどれか。

① 从　　② 跟　　③ 到　　④ 离

(6) 本文の内容と一致するものはどれか。

① 我们每个星期天都去海边玩儿。

② 妹妹找到的贝壳没有我的漂亮。

③ 我们一家在海边玩儿得很快乐。

④ 我的帽子被妹妹扔到大海里了。

5 (1)〜(5)の日本語を中国語に訳し，漢字（簡体字）で書きなさい。
（漢字は崩したり略したりせずに書き，文中・文末には句読点や疑問符をつけること。）

(20 点)

(1) あなたは中国語が話せますか。

(2) わたしは英語の本を 1 冊買いました。

(3) わたしは中国映画を観たことがあります。

(4) パソコンは机の上にあります。

(5) 昨年の冬はとても寒かった。

リスニング

1 会　話

解答：(1) ❶　(2) ❷　(3) ❷　(4) ❹　(5) ❸　(6) ❶　(7) ❹　(8) ❷　(9) ❹　(10) ❸

日常会話でよく使われる問いに対し，正確に答えることができるかどうかを問うています。

(5点×10)

04 (1) 問：你想喝什么？
Nǐ xiǎng hē shénme?
あなたは何が飲みたいですか。

答：❶ 我想喝咖啡。
Wǒ xiǎng hē kāfēi.
わたしはコーヒーが飲みたいです。

② 我想买东西。
Wǒ xiǎng mǎi dōngxi.
わたしは買い物がしたいです。

③ 我想吃面包。
Wǒ xiǎng chī miànbāo.
わたしはパンが食べたいです。

④ 我不想唱歌。
Wǒ bù xiǎng chàng gē.
わたしは歌を歌いたくありません。

05 (2) 問：你每天怎么去上学？
Nǐ měi tiān zěnme qù shàngxué?
あなたは毎日どうやって学校に行きますか。

答：① 我吃了早饭去上学。
Wǒ chīle zǎofàn qù shàngxué.
わたしは朝食を済ませてから学校に行きます。

❷ 我坐电车去上学。
Wǒ zuò diànchē qù shàngxué.
わたしは電車で学校に行きます。

③ 我每天都去上学。
Wǒ měi tiān dōu qù shàngxué.
わたしは毎日学校に行きます。

④ 我每天八点去上学。
Wǒ měi tiān bā diǎn qù shàngxué.
わたしは毎日8時に学校に行きます。

06 (3) 問：你昨天睡了几个小时？
Nǐ zuótiān shuìle jǐ ge xiǎoshí?
あなたはきのう何時間寝ましたか。

答：① 我十点就睡觉了。
Wǒ shí diǎn jiù shuìjiào le.
わたしは10時にはもう寝ました。

❷ **我睡了六个小时。**
Wǒ shuìle liù ge xiǎoshí.
わたしは6時間寝ました。

③ 我睡觉睡得不太好。
Wǒ shuìjiào shuìde bú tài hǎo.
わたしはあまりよく眠れませんでした。

④ 我每天在家里睡觉。
Wǒ měi tiān zài jiāli shuìjiào.
わたしは毎日家で寝ます。

07 (4) 問：你有没有妹妹?
Nǐ yǒu méi yǒu mèimei?
あなたは妹さんがいますか。

答：① 我家有五口人。
Wǒ jiā yǒu wǔ kǒu rén.
わが家は5人家族です。

② 我姐姐结婚了。
Wǒ jiějie jiéhūn le.
わたしの姉は結婚しています。

③ 他有一个妹妹。
Tā yǒu yí ge mèimei.
彼は妹が1人います。

❹ **我有两个妹妹。**
Wǒ yǒu liǎng ge mèimei.
わたしは妹が2人います。

08 (5) 問：这是谁的课本?
Zhè shì shéi de kèběn?
これは誰の教科書ですか。

答：① 这本书是新买的。
Zhè běn shū shì xīn mǎi de.
この本は新しく買ったものです。

② 这是铃木的词典。
Zhè shì Língmù de cídiǎn.
これは鈴木さんの辞典です。

❸ **这是铃木的课本。**
Zhè shì Língmù de kèběn.
これは鈴木さんの教科書です。

④ 这本词典不是我的。
Zhè běn cídiǎn bú shì wǒ de.
この辞典はわたしのものではありません。

09 (6) 問：我下午去看电影，你呢?
Wǒ xiàwǔ qù kàn diànyǐng, nǐ ne?
わたしは午後映画を観に行きますが，あなたは？

答：❶ **我去图书馆看书。**
Wǒ qù túshūguǎn kàn shū.
わたしは図書館に行って本を読みます。

② 我看过中国电影。
Wǒ kànguo Zhōngguó diànyǐng.
わたしは中国映画を観たことがあります。

③ 这个电影很有意思。
Zhège diànyǐng hěn yǒu yìsi.
この映画はとても面白い。

④ 我上午上了两节课。
Wǒ shàngwǔ shàngle liǎng jié kè.
わたしは午前中に2コマの授業に出ました。

10 (7) 問：你哪儿不舒服？
Nǐ nǎr bù shūfu?
あなたはどこが具合が悪いのですか。

答：① 游泳太舒服了。
Yóuyǒng tài shūfu le.
水泳はとても気持ちがいい。

② 昨晚睡得不太好。
Zuówǎn shuìde bú tài hǎo.
昨夜はあまりよく眠れませんでした。

③ 我吃了很多东西。
Wǒ chīle hěn duō dōngxi.
わたしはたくさん食べました。

❹ **我有点儿头疼。**
Wǒ yǒudiǎnr tóu téng.
わたしは少し頭が痛い。

11 (8) 問：你家离超市远不远？
Nǐ jiā lí chāoshì yuǎn bu yuǎn?
あなたの家はスーパーから遠いですか。

答：① 不对，我不去超市。
Bú duì, wǒ bú qù chāoshì.
違います。わたしはスーパーに行きません。

❷ **不远，走路五分钟。**
Bù yuǎn, zǒulù wǔ fēn zhōng.
遠くありません。歩いて5分です。

③ 不是，我在超市工作。
Bú shì, wǒ zài chāoshì gōngzuò.
いいえ，わたしはスーパーで働いています。

④ 不行，超市里人太多。
Bùxíng, chāoshì li rén tài duō.
ダメです。スーパーの中は人が多すぎます。

12 (9) 問：我明天跟你一起去，可以吗？
Wǒ míngtiān gēn nǐ yìqǐ qù, kěyǐ ma?
わたしはあしたあなたと一緒に行ってもいいですか。

答：① 好，你明天一个人去吧。
Hǎo, nǐ míngtiān yí ge rén qù ba.
いいですよ。あなたはあした1人で行きなさい。

② 好，我们今天一起去吧。
Hǎo, wǒmen jīntiān yìqǐ qù ba.
いいですよ。わたしたちはきょう一緒に行きましょう。

③ 行，你今天一个人去吧。
Xíng, nǐ jīntiān yí ge rén qù ba.
いいですよ。あなたはきょう1人で行きなさい。

❹ 行，我们明天一起去吧。
Xíng, wǒmen míngtiān yìqǐ qù ba.
いいですよ。わたしたちはあした一緒に行きましょう。

13 ⑽ 問：这个面包多少钱？
Zhège miànbāo duōshao qián?
このパンはいくらですか。

答：① 我想买两个面包。
Wǒ xiǎng mǎi liǎng ge miànbāo.
わたしはパンを２個買いたいです。

② 我不喜欢吃面包。
Wǒ bù xǐhuan chī miànbāo.
わたしはパンが好きではありません。

❸ 不贵，三块五毛。
Bú guì, sān kuài wǔ máo.
高くありません，３元５角です。

④ 这个面包真好吃。
Zhège miànbāo zhēn hǎochī.
このパンは本当においしいです。

2 長文聴解

解答：⑴❷　⑵❸　⑶❷　⑷❸　⑸❶　⑹❷　⑺❸　⑻❹　⑼❸　⑽❷

まとまった分量の中国語を理解できるかどうかを問うています。
Aさん（男性）とBさん（女性）は昼食後、それぞれ別々に午後の時間を過ごし、放課後にまた会う約束をします。（5点×10）

15

A：你吃什么？　Nǐ chī shénme?

B：我吃青椒肉丝，你呢？　Wǒ chī qīngjiāo ròusī, nǐ ne?

A：我昨天吃了面条儿和饺子，(2)今天吃炒饭。　Wǒ zuótiān chīle miàntiáor hé jiǎozi, jīntiān chī chǎofàn.

B：(1)这个食堂的炒饭不太好吃。　Zhège shítáng de chǎofàn bú tài hǎochī.

A：是吗？我觉得很不错的。　Shì ma? Wǒ juéde hěn búcuò de.

B：你今天下午有课吗？　Nǐ jīntiān xiàwǔ yǒu kè ma?

A：(3)有一节日语课、一节历史课。　Yǒu yì jié Rìyǔ kè, yì jié lìshǐ kè.

B：我上午上了一节课，下午没有课，(4)打算去图书馆看书。　Wǒ shàngwǔ shàngle yì jié kè, xiàwǔ méiyǒu kè, dǎsuan qù túshūguǎn kàn shū.

16 A：那我下午上完课去找你。 Nà wǒ xiàwǔ shàngwán kè qù zhǎo nǐ.

B：找我有事吗？ Zhǎo wǒ yǒu shì ma?

A：请你喝茶呀。 Qǐng nǐ hē chá ya.

B：我不喜欢喝茶。 Wǒ bù xǐhuan hē chá.

A：那喝咖啡，怎么样？ Nà hē kāfēi, zěnmeyàng?

B：有蛋糕吗？ Yǒu dàngāo ma?

A：当然有啊！ Dāngrán yǒu a!

B：好啊！(5)那你下课以后，咱们一起去咖啡馆吧。 Hǎo a! Nà nǐ xiàkè yǐhòu, zánmen yìqǐ qù kāfēiguǎn ba.

訳：

A：きみは何を食べるの？

B：わたしはチンジャオロースにするわ。あなたは？

A：ぼくはきのう麺類とギョーザを食べたから，(2)きょうはチャーハンにしよう。

B：(1)この食堂のチャーハンはあまりおいしくないわ。

A：そう？ぼくは悪くないと思うよ。

B：あなたはきょうの午後は授業があるの？

A：(3)日本語の授業が１コマ，歴史の授業が１コマあるよ。

B：わたしは午前中に１コマ授業があって，午後は授業がないから，(4)図書館に行って本を読むつもりなの。

A：それならぼくは午後授業が終わったらきみに会いに行くよ。

B：わたしに会う用事があるの？

A：お茶をおごるよ。

B：わたしはお茶は好きじゃないの。

A：それならコーヒーはどう？

B：ケーキはあるの？

A：もちろんさ。

B：いいわね。(5)それならあなたが授業が終わった後，一緒に喫茶店に行きましょう。

17 (1) 問：他们现在在哪儿？ 彼らは今どこにいますか。
Tāmen xiànzài zài nǎr?

答：① 在教室。 Zài jiàoshì. 教室にいる。

❷ 在食堂。 Zài shítáng. 食堂にいる。

③ 在咖啡馆。 Zài kāfēiguǎn. 喫茶店にいる。

④ 在图书馆。 Zài túshūguǎn. 図書館にいる。

18 (2) 問：男的今天打算吃什么？ 男性はきょう何を食べるつもりですか。
Nán de jīntiān dǎsuan chī shénme?

答：① 青椒肉丝。 Qīngjiāo ròusī. チンジャオロース。

② 面条儿。 Miàntiáor. 麺類。

❸ 炒饭。 Chǎofàn. チャーハン。

④ 饺子。 Jiǎozi. ギョーザ。

19 (3) 問：男的下午有几节课？ 男性は午後何コマ授業がありますか。
Nán de xiàwǔ yǒu jǐ jié kè?

答：① 一节课。 Yì jié kè. 1コマ。

❷ 两节课。 Liǎng jié kè. 2コマ。

③ 三节课。 Sān jié kè. 3コマ。

④ 没有课。 Méiyǒu kè. 授業はない。

20 (4) 問：女的下午干什么？ 女性は午後何をしますか。
Nǚ de xiàwǔ gàn shénme?

答：① 去教室上课。 教室へ授業を受けに行く。
Qù jiàoshì shàngkè.

② 去食堂吃饭。 食堂へ食事に行く。
Qù shítáng chī fàn.

❸ 去图书馆看书。 図書館へ本を読みに行く。
Qù túshūguǎn kàn shū.

④ 去咖啡馆喝茶。 喫茶店へお茶を飲みに行く。
Qù kāfēiguǎn hē chá.

21 (5) 問：他们下课以后打算干什么？ 彼らは放課後，何をするつもりですか。
Tāmen xiàkè yǐhòu dǎsuan gàn shénme?

答：❶ 喝咖啡，吃蛋糕。 コーヒーを飲み，ケーキを食べる。
Hē kāfēi, chī dàngāo.

② 喝可乐，吃面条儿。　　コーラを飲み，ラーメンを食べる。
Hē kělè, chī miàntiáor.

③ 喝茶，吃蛋糕。　　お茶を飲み，ケーキを食べる。
Hē chá, chī dàngāo.

④ 吃蛋糕，喝可乐。　　ケーキを食べ，コーラを飲む。
Chī dàngāo, hē kělè.

北京に来て 10 か月になる鈴木一郎さんが、二人の中国人の友人と共に三人共通の趣味である中国料理の食べ歩きを楽しみます。

29　大家好！我叫铃木一郎，(6)我是去年五月来北京的，在这里生活了十个月了。(7)我有两个中国朋友，小李和小王。小王会说日语，他经常跟我用日语会话。小李不会日语，(8)我喜欢跟小李说话，可以多练习说汉语。小李的爱好是看电影，小王的爱好是看漫画。(9)我们三个人都喜欢吃中国菜，每个星期天都一起去餐厅吃饭。

30　今天是星期天，我们打算一起去吃北京烤鸭，十二点在餐厅见面。我十一点五十分到餐厅的时候，小王已经在那里看漫画了。小李还没有到。半个小时后，小李也来了。他说："对不起！(10)我刚才去买电影票，来晚了。吃完饭，咱们一起去看电影吧。"听了他的话，我和小王高兴极了。

Dàjiā hǎo! Wǒ jiào Língmù Yīláng, wǒ shì qùnián wǔyuè lái Běijīng de, zài zhèli shēnghuóle shí ge yuè le. Wǒ yǒu liǎng ge Zhōngguó péngyou, Xiǎo Lǐ hé Xiǎo Wáng. Xiǎo Wáng huì shuō Rìyǔ, tā jīngcháng gēn wǒ yòng Rìyǔ huìhuà. Xiǎo Lǐ bú huì Rìyǔ, wǒ xǐhuan gēn Xiǎo Lǐ shuōhuà, kěyǐ duō liànxí shuō Hànyǔ. Xiǎo Lǐ de àihào shì kàn diànyǐng, Xiǎo Wáng de àihào shì kàn mànhuà. Wǒmen sān ge rén dōu xǐhuan chī Zhōngguó cài, měi ge xīngqītiān dōu yìqǐ qù cāntīng chī fàn.

Jīntiān shì xīngqītiān, wǒmen dǎsuan yìqǐ qù chī Běijīng kǎoyā, shí'èr diǎn zài cāntīng jiànmiàn. Wǒ shíyī diǎn wǔshí fēn dào cāntīng de shíhou, Xiǎo Wáng yǐjīng zài nàli kàn mànhuà le. Xiǎo Lǐ hái méiyou dào. Bàn ge xiǎoshí hòu, Xiǎo Lǐ yě lái le. Tā shuō: "Duìbuqǐ! Wǒ gāngcái qù mǎi diànyǐng piào, láiwǎn le. Chīwán fàn, zánmen yìqǐ qù kàn diànyǐng ba. "Tīngle tā de huà, wǒ hé Xiǎo Wáng gāoxìng jíle.

訳：皆さん，こんにちは。ぼくは鈴木一郎といいます。(6)ぼくは去年の 5 月に北京に来て，こちらで暮らして 10 か月になります。(7)ぼくは中国の友達が 2 人います。李くんと王くんです。王くんは日本語が話せます。彼はいつもぼくと日本語で会話をします。李くんは日本語が話せません。(8)ぼくは李くんと話すのが好きです。中国語を話す練習がたくさんできるからです。李くんの趣味は映画を観ることで，王くんの趣味は漫画を読むことです。(9)ぼくたち3人はみな中国料理を食べるのが好きで，日曜日ごとに一緒にレストランへ食事に行きます。

きょうは日曜日なのでぼくたちは一緒に北京ダックを食べに行く予定で，12時にレストランで待ち合わせることにしました。ぼくが11時50分にレストランに着くと，王くんはもうそこで漫画を読んでいました。李くんはまだ来ていませんでした。30分後，李くんも来ました。彼は「ごめん。(10)ぼくはさっき映画のチケットを買いに行っていたので，遅れてしまった。食事がすんだら，ぼくたち一緒に映画を観に行こうよ」と言いました。彼の話を聞いて，ぼくと王くんはすごく嬉しかった。

31 (6) 問：我是什么时候来北京的？ ぼくはいつ北京に来たのですか。
Wǒ shì shénme shíhou lái Běijīng de?

答：① 今年五月。 Jīnnián wǔyuè. 今年の5月。

❷ 去年五月。 Qùnián wǔyuè. 去年の5月。

③ 去年十月。 Qùnián shíyuè. 去年の10月。

④ 今年十月。 Jīnnián shíyuè. 今年の10月。

32 (7) 問：我有几个中国朋友？ ぼくは中国人の友達が何人いますか。
Wǒ yǒu jǐ ge Zhōngguó péngyou?

答：① 一个。 Yí ge. 1人。 ② 三个。 Sān ge. 3人。

❸ 两个。 Liǎng ge. 2人。 ④ 四个。 Sì ge. 4人。

33 (8) 問：我为什么喜欢跟小李说话？ ぼくはなぜ李くんと話すのが好きなのですか。
Wǒ wèi shénme xǐhuan gēn Xiǎo Lǐ shuōhuà?

答：① 因为小李日语说得很好。 李くんは日本語を話すのが上手だから。
Yīnwei Xiǎo Lǐ Rìyǔ shuōde hěn hǎo.

② 因为小李喜欢跟我说话。 李くんはぼくと話すのが好きだから。
Yīnwei Xiǎo Lǐ xǐhuan gēn wǒ shuōhuà.

③ 因为可以多练习说日语。 日本語を話す練習がたくさんできるから。
Yīnwei kěyǐ duō liànxí shuō Rìyǔ.

❹ **因为可以多练习说汉语。**
Yīnwei kěyǐ duō liànxí shuō Hànyǔ.
中国語を話す練習がたくさんできるから。

34 (9) 問：我们的共同爱好是什么？
Wǒmen de gòngtóng àihào shì shénme?
ぼくたちの共通の趣味は何ですか。

答：① 看漫画。 Kàn mànhuà. 漫画を読むこと。

② 说日语。 Shuō Rìyǔ. 日本語を話すこと。

❸ **吃中国菜。** Chī Zhōngguó cài. 中国料理を食べること。

④ 看电影。 Kàn diànyǐng. 映画を観ること。

35 (10) 問：小李为什么来晚了？
Xiǎo Lǐ wèi shénme láiwǎn le?
李くんはなぜ遅れたのですか。

答：① 因为他去看电影了。
Yīnwei tā qù kàn diànyǐng le.
彼は映画を観に行ったから。

❷ **因为他去买电影票了。**
Yīnwei tā qù mǎi diànyǐng piào le.
彼は映画のチケットを買いに行ったから。

③ 因为他去餐厅吃饭了。
Yīnwei tā qù cāntīng chī fàn le.
彼はレストランへ食事に行ったから。

④ 因为他去吃北京烤鸭了。
Yīnwei tā qù chī Běijīng kǎoyā le.
彼は北京ダックを食べに行ったから。

筆　記

1 ピンイン表記・声調

解答：(1) ❸　(2) ❶　(3) ❷　(4) ❶　(5) ❹　(6) ❶　(7) ❷　(8) ❸　(9) ❷　(10) ❸

1．2音節の単語の声調パターンが身に付いているかどうかを問うています。声調パターンは97頁の「2音節語の声調の組み合わせ」を繰り返し音読して身に付けましょう。 (2点×5)

(1) ① 发音 fāyīn　(発音)
② 春天 chūntiān　(春)
❸ 新年 xīnnián　(新年)
④ 星期 xīngqī　(週)

(2) ❶ 水饺 shuǐjiǎo　(水ギョーザ)
② 黑板 hēibǎn　(黒板)
③ 铅笔 qiānbǐ　(鉛筆)
④ 身体 shēntǐ　(体)

(3) ① 流利 liúlì　(〔ことばが〕流暢だ)
❷ 银行 yínháng　(銀行)
③ 能力 nénglì　(能力)
④ 迟到 chídào　(遅刻する)

(4) ❶ 作业 zuòyè　(宿題)
② 外国 wàiguó　(外国)
③ 复习 fùxí　(復習する)
④ 课文 kèwén　(テキストの本文)

(5) ① 感冒 gǎnmào　(風邪をひく)
② 早饭 zǎofàn　(朝ごはん)
③ 饮料 yǐnliào　(飲み物)
❹ 网球 wǎngqiú　(テニス)

2. ピンインを正確に覚えているかどうかを問うています。正しく発音することができるかどうかは，ピンインによるチェックが効果的です。 (2点×5)

(6) 公司（会社）

❶ **gōngsī**　② kōngsī　③ gōngshī　④ kōngshī

(7) 非常（非常に）

① fēiqiáng　❷ **fēicháng**　③ huīcháng　④ huīqiáng

(8) 天气（天気）

① diānqì　② tiānchì　❸ **tiānqì**　④ diānchì

(9) 苹果（リンゴ）

① píngkuǒ　❷ **píngguǒ**　③ bíngkuǒ　④ bíngguǒ

(10) 参观（参観する）

① cāngān　② sāngān　❸ **cānguān**　④ sānguān

2 空欄補充

解答：(1)❷　(2)❸　(3)❶　(4)❷　(5)❹　(6)❸　(7)❶　(8)❷　(9)❶　(10)❹

空欄に入る語はいずれも文法上のキーワードです。 (2点×10)

(1) 她穿着一（ 件 ）红毛衣。 彼女は赤いセーターを着ています。
Tā chuānzhe yí jiàn hóng máoyī.

① 条 tiáo　❷ 件 jiàn　③ 双 shuāng　④ 张 zhāng

量詞（助数詞）の問題です。“毛衣”は“件”で数えます。“条”は細長いものなどを，“件”は上着類や出来事などを，“双”は対になっているものを，“张”は平たいものや張った平面をもつものを数えるときに用います。

(2) 黄金周（ 快 ）到了。 ゴールデンウイークがまもなくやって来ます。
Huángjīnzhōu kuài dào le.

① 还 hái　② 再 zài　❸ 快 kuài　④ 想 xiǎng

“还”は動作の未完了や状態の持続・未変化を表す「まだ」,“再”は繰り返す動作がこれから行われる「また」,“快”は「速い」あるいは「まもなく」,“想”は「(…したいと) 思う」という意味です。「まもなく…する」は“快…了”の文型を使って表現します。

(3) 我去（ 过 ）两次上海。
Wǒ qùguo liǎng cì Shànghǎi.

わたしは上海に 2 度行ったことがあります。

❶ 过 guo　② 着 zhe　③ 得 de　④ 的 de

“过”は経過や経験を表す動態助詞,“着”は動作や状態の持続を表す動態助詞,“得”は動詞や形容詞の後に用い程度を表す補語を導く助詞,“的”は連体修飾語をつくって名詞句につなぐ助詞です。動詞“去”の後につけて「行ったことがある」という経験を表す“过”を選びます。

(4) 你喝酒了,（ 不能 ）开车。
Nǐ hē jiǔ le, bù néng kāichē.

あなたはお酒を飲んだので，車を運転してはいけません。

① 不会 bú huì　❷ 不能 bù néng　③ 不想 bù xiǎng　④ 不是 bú shì

“不会”は「(技能を習得していないので) …することができない」,“不能”は「(能力や可能性がないので) できない」あるいは「状況や道理から許されないので…してはいけない」,“不想”は「…したくない」,“不是”は「…ではない」という意味です。禁止を表す“不能”を選びます。

(5) 我妹妹唱歌唱（ 得 ）很好。
Wǒ mèimei chàng gē chàngde hěn hǎo.

わたしの妹は歌がとても上手です。

① 的 de　② 地 de　③ 了 le　❹ 得 de

動詞や形容詞の後に用い程度を表す補語を導く助詞“得”を選びます。“的”は連体修飾語を名詞句につなぐ助詞,“地”は連用修飾語を動詞句につなぐ助詞,“了”は完了を表す動態助詞です。

(6) 你（ 对 ）中国历史感兴趣吗?
Nǐ duì Zhōngguó lìshǐ gǎn xìngqù ma?

あなたは中国の歴史に興味がありますか。

① 给 gěi　② 向 xiàng　❸ 对 duì　④ 在 zài

介詞（前置詞）の問題です。“给”は動作の受け手を導き「…に」，“向”は動作を行う方向を表し「…に向かって」，“对”は動作を行う対象を導き「…に対して」，“在”は動作の行われる場所を導き「…で」という意味です。“感兴趣”の対象につながる介詞フレーズに用いられるのは“对”です。

(7) 你的名字（ 怎么 ）念?
Nǐ de míngzi zěnme niàn?
あなたの名前はどう読むのですか。

❶ 怎么 zěnme　② 什么 shénme　③ 哪个 nǎge　④ 哪里 nǎli

疑問詞の問題です。“怎么”は動詞の前に置き，方法や理由について「どのように」あるいは「どうして」，“什么”は名詞の前に置き「なに」，“哪个”は「どれ」，“哪里”は「どこ」と場所を尋ねます。動詞の直前に置かれて動作の仕方を尋ねる疑問詞“怎么”が正解です。

(8) 他昨天来了，今天（ 又 ）来了。
Tā zuótiān lái le, jīntiān yòu lái le.
彼はきのう来ましたが，きょうまた来ました。

① 再 zài　❷ 又 yòu　③ 还 hái　④ 都 dōu

副詞の問題です。すでに行われた動作の繰り返しを表す“又”「また」を選びます。“再”は「(繰り返す動作がこれから行われることについて）また」，“还”は動作の未完了や状態の持続・未変化を表す「まだ」，“都”は「(範囲内で例外なく）みな」という意味です。

(9) 现在外面下（ 着 ）大雨呢。
Xiànzài wàimiàn xiàzhe dàyǔ ne.
いま外は大雨が降っています。

❶ 着 zhe　② 了 le　③ 的 de　④ 过 guo

助詞の問題です。動作や状態の持続を表す動態助詞“着”を選びます。“了”は動作の完了や変化を表す動態助詞，“的”は限定語（連体修飾語）を名詞句につなげる助詞，“过”は動作の経過や過去の経験を表す動態助詞です。

(10) 明天（ 要是 ）有时间的话，我就去。Míngtiān yàoshi yǒu shíjiān dehuà, wǒ jiù qù.
あした時間があれば，わたしは行きます。

① 因为 yīnwei　② 所以 suǒyǐ　③ 但是 dànshì　❹ 要是 yàoshi

複文に用いる接続詞の問題です。“要是…的话，就…”で「もしも…なら…」という仮定を表す複文を作る“要是”を選びます。“因为”は因果関係の原因を表す「…なので」，“所以”は因果関係の結果を表す「それゆえに」，“但是”は「しかし」と逆接を表します。

3 語順選択

解答：(1)❸　(2)❶　(3)❸　(4)❹　(5)❷　(6)❸　(7)❷　(8)❶　(9)❹　(10)❷

1．文法上のキーワードを含む基本的な文を正確に組み立てることができるかどうかを問うています。　(2点×5)

(1) きょうはきのうほど暑くない。

① 今天没有那么热昨天。

② 今天那么热没有昨天。

❸ 今天没有昨天那么热。Jīntiān méiyǒu zuótiān nàme rè.

④ 今天那么没有昨天热。

「AはBほど…ではない」という比較文の否定形は「A＋“没有”＋B＋（“这么／那么”）＋形容詞」の語順です。

(2) このネクタイはデパートで買ったのです。

❶ 这条领带是在百货商店买的。
Zhè tiáo lǐngdài shì zài bǎihuò shāngdiàn mǎi de.

② 这条领带是百货商店在买的。

③ 这条领带是买的在百货商店。

④ 在百货商店这条领带是买的。

すでに行われた動作について，それがいつ，どこで，だれが，どのように行ったかを取り立てて説明する場合，“是…的”の構文を用います。「デパートで買う」は“在百货商店买”と言います。ここでは「デパートで」という場所が強調されています。

(3) 日曜日にわたしの家に遊びにいらっしゃい。

① 来我家玩儿星期天吧。

② 我家星期天来玩儿吧。

❸ 星期天来我家玩儿吧。 Xīngqītiān lái wǒ jiā wánr ba.

④ 星期天玩儿我家来吧。

時間を表す“星期天”は動詞句の前に置きます。中国語は動作が行われる順番に並べるので，「わたしの家に遊びに来る」は「わたしの家に来て遊ぶ」と考え，“来我家玩儿”とします。

(4) 学校は駅からあまり遠くありません。

① 学校不太远离车站。

② 学校离不太远车站。

③ 学校离不太车站远。

❹ 学校离车站不太远。 Xuéxiào lí chēzhàn bú tài yuǎn.

“离”はある場所・時間からどれだけ離れているかを示す「…から」という意味を表す介詞です。「A は B から遠い / 近い」は「A +“离”+ B +“远 / 近”」という語順です。「あまり…ではない」は“不太…”とします。

(5) 昨夜わたしは 3 時間しか寝ていません。

① 昨晚我三个小时只睡了。

❷ 昨晚我只睡了三个小时。 Zuówǎn wǒ zhǐ shuìle sān ge xiǎoshí.

③ 我只睡昨晚三个小时了。

④ 我三个小时只睡了昨晚。

動作を行う時間量は補語として動詞の後ろに置くので，「3 時間寝る」は“睡三个小时”です。時間詞“昨晚”は動詞句の前に置きます。副詞“只”は動詞の前に置きます。

2. 与えられた語句を用いて正確に文を組み立てることができるかどうかを問うています。 (2 点 × 5)

(6) 趙さんはわたしと同い年です。

小赵 ② 跟 ④ 我 [❸ 一样] ① 大。
Xiǎo Zhào gēn wǒ yíyàng dà.

「AはBと同じくらい…だ」は，「A＋“跟”＋B＋“一样”＋形容詞」という比較の文型を用いて表現します。

⑺ 彼女は毎日5回本文を音読します。

她每天 ④ 都 ③ 念 ［ ❷ 五遍 ］ ① 课文。

Tā měi tiān dōu niàn wǔ biàn kèwén.

動作の回数は通常，動詞と目的語の間に割り込み「動詞＋回数＋目的語」の語順で表します。「5回音読する」は“念五遍”，副詞“都”は動詞句の前に置きます。

⑻ あなたは10時までに帰って来られますか。

你十点 ④ 以前 ［ ❶ 能 ］ ② 回 ③ 来 吗？

Nǐ shí diǎn yǐqián néng huílai ma?

「帰って来る」は“回来”と言い，「できる」の意を表す助動詞“能”はその前に置きます。「10時まで」は“十点以前”で，「いつまでに…する」の時間を表す語は動詞の前に置きます。

⑼ 張くんが教室に入ってきました。

小张 ② 进 ［ ❹ 教室 ］ ③ 来 ① 了。

Xiǎo Zhāng jìn jiàoshì lai le.

「入ってくる」は「動詞“进”＋方向補語“来”」です。「動詞＋方向補語“来／去”」が場所を表す目的語を伴う場合には，「動詞＋場所＋方向補語“来／去”」の語順をとり，方向補語の“来”または“去”の前に目的語を置きます。“进来”の間に“教室”が割って入ります。“了”は方向補語の後に置きます。

⑽ あなたの家から学校までどのくらいかかりますか。

从 ④ 你家 ［ ❷ 到 ］ ③ 学校 ① 要 多长时间？

Cóng nǐ jiā dào xuéxiào yào duō cháng shíjiān?

ある場所・時間の起点を導く介詞“从”の後に“你家”，到達点を導く“到”の後に“学校”を置きます。“从…到…”（…から…まで）という介詞句は述語動詞の前に置きます。

4 長文読解

解答：(1)❷　(2)❶　(3)❸　(4)❸　(5)❶　(6)❸

まとまった内容の長文を正確に理解できるかどうかを問うています。

星期天，爸爸妈妈带我和妹妹去海边游玩。海边的风景很美，游客也很多。

今天的天气 (1)比 昨天好，阳光照在海面上，非常好看。沙滩上的沙子软软的，走在上面舒服极了。我和妹妹在沙滩上找贝壳。妹妹先找到了一个漂亮的贝壳，接着我也找到了两个大贝壳。我们走了 (2)一会儿 ，来到一块又高又大的石头面前。上面 (3)有 很多游客。我和妹妹也爬了上去。站在石头上面远望，风景更漂亮，心情也更愉快。但是因为海风 (4)太 大，我的帽子被吹走了。我拉着妹妹的手下来，回到了爸爸妈妈身边。

我们下午五点左右回家。爸爸开车，我们 (5)从 车窗看到蓝色的大海和金色的沙滩越来越远，(6)我心里感到非常快乐。我们度过了美好的一天。

Xīngqītiān, bàba māmā dài wǒ hé mèimei qù hǎibiān yóuwán. Hǎibiān de fēngjǐng hěn měi, yóukè yě hěn duō.

Jīntiān de tiānqì bǐ zuótiān hǎo, yángguāng zhàozài hǎimiàn shang, fēicháng hǎokàn. Shātān shang de shāzi ruǎnruǎn de, zǒuzài shàngmiàn shūfu jí le. Wǒ hé mèimei zài shātān shang zhǎo bèiké. Mèimei xiān zhǎodàole yí ge piàoliang de bèiké, jiēzhe wǒ yě zhǎodàole liǎng ge dà bèiké. Wǒmen zǒule yíhuìr, láidào yí kuài yòu gāo yòu dà de shítou miànqián. Shàngmiàn yǒu hěn duō yóukè. Wǒ hé mèimei yě páleshangqu. Zhànzài shítou shàngmiàn yuǎn wàng, fēngjǐng gèng piàoliang, xīnqíng yě gèng yúkuài. Dànshì yīnwei hǎifēng tài dà, wǒ de màozi bèi chuīzǒu le. Wǒ lāzhe mèimei de shǒu xiàlai, huídàole bàba māma shēnbiān.

Wǒmen xiàwǔ wǔ diǎn zuǒyòu huí jiā. Bàba kāichē, wǒmen cóng chēchuāng kàndào lánsè de dàhǎi hé jīnsè de shātān yuè lái yuè yuǎn, wǒ xīnli gǎndào fēicháng kuàilè. Wǒmen dùguòle měihǎo de yì tiān.

訳：日曜日，父と母はわたしと妹を連れて海辺に遊びに行きました。海辺の風景は美しく，観光客も多かったです。

きょうの天気はきのうよりよく，太陽の光が海面を照らし，とてもきれいでした。砂浜の砂はとても軟らかく，その上を歩くと，とてもよい気持ちでした。わたしと妹は砂浜で貝殻を拾いました。妹は先にきれいな貝殻を見つけ，続いてわたしも大きな貝殻を2つ見つけました。わたしたちはしばらく歩いて，高くて大きな岩の前に来ました。岩の上にはたくさんの観光客がいました。わたしと妹も登って行きました。岩の上に立って遠くを眺めると，風景はもっときれいで，気持ちももっと楽しくなりました。しかし海の風がとても強かったので，わたしの帽子は吹き飛ばされてしまいました。わたしは妹の手を引いて降り，父と母のそばに戻りました。

わたしたちは午後5時頃に家に帰りました。父が車を運転し，わたしたちは車の窓から青い海と金色の砂浜がだんだんと遠ざかっていくのを見て，(6)わたしは心の中でとても楽しく感じました。わたしたちはすばらしい1日を過ごしました。

(1) 空欄補充 (3点)

① 和 hé　❷ 比 bǐ　③ 对 duì　④ 跟 gēn

介詞の問題です。きょうときのうの天気を比較しているので，比較を表す介詞“比”を選びます。“和”は「…と」と動作を共にする相手を導き，“对”は「…に対して」と動作の対象を，“跟”は「…と」あるいは「…に」と動作を共にする相手を導く介詞です。

(2) 空欄補充 (3点)

❶ 一会儿 yíhuìr　② 一点儿 yìdiǎnr

③ 有点儿 yǒudiǎnr　④ 一下儿 yíxiàr

「少しの時間，しばらく」を表す“一会儿”を選びます。“一会儿”は動詞の後に用いられます。“一点儿”は形容詞の後ろに置いて「(量的にあるいは質的に) 少し」，“有点儿”は形容詞の前に用いて「(望ましくないことについて) 少し」，“一下儿”は動詞の後ろに置いて「少し，ちょっと」の意味です。

(3) 空欄補充 (3点)

① 在 zài　② 就 jiù　❸ 有 yǒu　④ 刚 gāng

「場所+“有”+人あるいはモノ」で「…に…がいる (ある)」という存在の意味を表します。“在”は「…にある (いる)」と動作・行為を行う場所を導き，“就”は「すぐに」，“刚”は「…したばかり」という意味です。

(4) 空欄補充 (3点)

① 也 yě　② 再 zài　❸ 太 tài　④ 才 cái

副詞の問題です。「帽子が吹き飛ばされた」ことから「海の風がとても強かったので」と風の強さを強調する“太”を選びます。“也”は「…も」，“再”は繰り返す動作がこれから行われることについて「また」，“才”は実現に時間や手数がかかって「やっと，ようやく」という意味です。

(5) 空欄補充 (4点)

❶ 从 cóng　② 跟 gēn　③ 到 dào　④ 离 lí

ある場所・時間の起点を導く介詞“从”を選びます。“跟”は動作を共にする相手を導く「…と」あるいは「…に」，“到”は動作の到達点を導く「…に至る」，“离”は空間的・時間的な隔たりの基点を導く「…から」という意味です。

(6) 内容一致 (4点)

① 我们每个星期天都去海边玩儿。
Wǒmen měi ge xīngqītiān dōu qù hǎibiān wánr.
わたしたちは毎週日曜日に海辺へ遊びに行きます。

② 妹妹找到的贝壳没有我的漂亮。
Mèimei zhǎodào de bèiké méiyǒu wǒ de piàoliang.
妹が見つけた貝殻はわたしのほどきれいではない。

❸ 我们一家在海边玩儿得很快乐。
Wǒmen yìjiā zài hǎibiān wánrde hěn kuàilè.
わたしたち一家は海辺で楽しく遊んだ。

④ 我的帽子被妹妹扔到大海里了。
Wǒ de màozi bèi mèimei rēngdào dàhǎi li le.
わたしの帽子は妹に海に投げ込まれました。

1行目に“星期天，爸爸妈妈带我和妹妹去海边游玩。”とありますが，①の“每个星期天”という記述はありません。4～5行目に“妹妹先找到了一个漂亮的贝壳”とありますが，②の“没有我的漂亮”とは記されていません。7～8行目“因为海风太大，我的帽子被吹走了。”から帽子は強風により吹き飛ばされており④の内容とは一致しません。9～10行目“我们从车窗看到蓝色的大海和金色的沙滩越来越远，我心里感到非常快乐。我们度过了美好的一天。”から③の内容と一致します。

5 日文中訳

(4点×5)

(1) あなたは中国語が話せますか。

你会说汉语吗？ Nǐ huì shuō Hànyǔ ma?

外国語など練習や訓練をしてある技能を身につけて「できる」というときには，助動詞“会”を使って表します。

(2) わたしは英語の本を1冊買いました。

我买了一本英文书。 Wǒ mǎile yì běn Yīngwén shū.

動作の完了を表す文です。「買った」という動作の完了は“买了”とします。目的語が数量化されているので，完了を表す“了”は動詞の直後に置き，文末には置きません。目的語の“一本英文书”はその後に置きます。本を数える量詞は“本”を用い，数量を表す“一本”は“英文书”の前に置きます。

(3) わたしは中国映画を観たことがあります。

我看过中国电影。 Wǒ kànguo Zhōngguó diànyǐng.

「…したことがある」という動作の経験は動態助詞“过”を動詞の後ろにつけて表します。「映画を観る」は“看电影”。「中国映画」は一般に“的”を用いずにそのまま並べます。

(4) パソコンは机の上にあります。

电脑在桌子上。 Diànnǎo zài zhuōzi shang.

「…は…にある」という存在を表すには，「モノ＋“在”＋場所」の語順で並べます。「机の上に」は方位詞“上”を“桌子”のあとに付けます。

(5) 昨年の冬はとても寒かった。

去年的冬天很冷。 Qùnián de dōngtiān hěn lěng.

形容詞述語文です。「とても寒かった」は“很冷”とします。日本語は過去形ですが，“了”をつけてはいけません。日本語に「とても」がない場合でも，中国語では“很”をつけた方が文に安定感があります。“很”をつけないと比較の意味になりがちです。

4級第109回

(2023年6月)

問　題

解答時間：計100分

配点：リスニング100点，筆記100点

解答と解説

リスニング （⇨解答と解説43頁）

03 **1** (1)〜(10)の問いの答えとして最も適当なものを，①〜④の中から１つ選びなさい。

（50 点）

04 (1)

① ② ③ ④

05 (2)

① ② ③ ④

06 (3)

① ② ③ ④

07 (4)

① ② ③ ④

08 (5)

① ② ③ ④

09 (6)

① ② ③ ④

10 (7)

① ② ③ ④

11 (8)

① ② ③ ④

12 (9)

① ② ③ ④

13 (10)

① ② ③ ④

14 **2** 中国語を聞き，(1)～(10)の問いの答えとして最も適当なものを，①～④の中から1つ選びなさい。 (50点)

15
22

16
23

(1)～(5)の問いは音声のみで，文字の印刷はありません。

17 (1)
24 ① ② ③ ④

18 (2)
25 ① ② ③ ④

19 (3)
26 ① ② ③ ④

20 (4)
27 ① ② ③ ④

21 (5)
28 ① ② ③ ④

29
36

30
37

31 ⑹ 铃木来中国多长时间了？
38 ①　②　③　④

32 ⑺ 现在铃木的汉语发音怎么样？
39 ①　②　③　④

33 ⑻ 铃木和陈丽喜欢吃什么样的东西？
40 ①　②　③　④

34 ⑼ 铃木和陈丽一起吃饭时，每次点什么？
41 ①　②　③　④

35 ⑽ 陈丽怎么练习日语发音？
42 ①　②　③　④

筆　記 （⇨解答と解説52頁）

1 1．(1)～(5)の中国語①～④の中から，声調の組み合わせが他と異なるものを１つ選びなさい。 (10 点)

(1) ① 同学 ② 小时 ③ 以前 ④ 女儿

(2) ① 容易 ② 学校 ③ 词典 ④ 流利

(3) ① 电脑 ② 问题 ③ 地铁 ④ 上午

(4) ① 比赛 ② 点菜 ③ 礼物 ④ 杂志

(5) ① 飞机 ② 钱包 ③ 东京 ④ 出发

2．(6)～(10)の中国語の正しいピンイン表記を，①～④の中から１つ選びなさい。 (10 点)

(6) 车站 ① chējiàng ② chūjiàng ③ chēzhàn ④ chūzhàn

(7) 苹果 ① pīnggǒu ② pínggǒu ③ pīngguǒ ④ píngguǒ

(8) 公司 ① gōngsī ② gōngxī ③ góngsī ④ góngxī

(9) 冰箱 ① bīnxiān ② bīngxiāng ③ bīngshān ④ bīnshāng

(10) 打球 ① tǎ qiú ② dǎ qú ③ dǎ qiú ④ tā qú

2 ⑴～⑽の中国語の空欄を埋めるのに最も適当なものを，①～④の中から１つ選びなさい。（20 点）

⑴ 我昨天买了两（　　　）裤子。

① 件　② 条　③ 张　④ 个

⑵ 长崎（　　　）上海有多少公里？

① 离　② 从　③ 向　④ 和

⑶ 晚上我（　　　）你打电话，方便吗？

① 到　② 给　③ 在　④ 对

⑷ 我还没在日本吃（　　　）寿司。

① 过　② 了　③ 的　④ 得

⑸ 你唱歌唱（　　　）太好听了。

① 的　② 地　③ 得　④ 了

⑹ 你怎么不查字典，你的字典（　　　）？

① 吗　② 了　③ 呢　④ 的

⑺ 妈妈，弟弟（　　　）哭了！

① 又　② 再　③ 没　④ 还

⑻ 六点了，奶奶还在院子里坐（　　　）。

① 吧　② 了　③ 呢　④ 着

⑼ 上个星期我（　　　）去打工。

① 没　② 不　③ 会　④ 再

⑽ 我的电脑（　　　）妹妹的贵。

① 不是　② 就是　③ 没有　④ 还有

3 1．(1)～(5)の日本語の意味に合う中国語を，①～④の中から１つ選びなさい。

（10点）

(1) あなたはしばらくここでテレビを見ていてください。

① 你看在这儿一会儿电视吧。

② 你在这儿电视看一会儿吧。

③ 你在这儿看一会儿电视吧。

④ 你一会儿看电视在这儿吧。

(2) わたしの本は机の上にあります。

① 桌子上在我的书。

② 我的书在桌子上。

③ 我的书桌子上在。

④ 桌子上我的书在。

(3) わたしは体育館へ泳ぎに行くつもりです。

① 我体育馆打算去游泳。

② 我游泳打算体育馆去。

③ 我打算体育馆去游泳。

④ 我打算去体育馆游泳。

(4) コーヒーをもう１杯下さい。

① 请给我再咖啡一杯。

② 请给我咖啡再一杯。

③ 请再给我一杯咖啡。

④ 请再给咖啡一杯我。

(5) きょうはきのうよりだいぶ寒い。

① 今天比昨天冷多了。

② 比昨天今天冷多了。

③ 今天冷多了比昨天。

④ 比昨天冷多了今天。

2. (6)～(10)の日本語の意味になるように①～④を並べ替えたときに，[　　] 内に入るものを選びなさい。 (10 点)

(6) 彼はビールを 2 杯飲みました。

他____ [____] ____ ____。

① 两杯　② 了　③ 啤酒　④ 喝

(7) パオズはギョーザと同じくらいおいしい。

包子____ ____ [____] ____。

① 一样　② 跟　③ 好吃　④ 饺子

(8) わたしは中国の映画を 1 回観たことがあります。

我____ ____ [____] ____。

① 过　② 中国电影　③ 一次　④ 看

(9) あなたは毎日どうやって学校に来ますか。

你____ [____] ____ ____?

① 来　② 怎么　③ 每天　④ 学校

(10) きょうわたしは朝ごはんを食べていません。

今天____ ____ [____] ____。

① 没有　② 早饭　③ 我　④ 吃

4 次の文章を読み，(1)～(6)の問いの答えとして最も適当なものを，①～④の中から1つ選びなさい。 (20点)

昨天，小李告诉我她下个月［ (1) ］结婚了，请我去参加她的婚礼。

我想给她送一些礼物，可是我不知道送她什么东西好。所以，我去［ (2) ］我的中国朋友商量：“我送她一箱梨和三万日元，怎么样？”

我的朋友笑了，他问我：“你不希望他们幸福吗？”

“你怎么这么说？我当然希望他们幸福啊！”我有点儿生气［ (3) ］说。

“那你［ (4) ］送给他们梨和三万日元啊？”

“因为梨是这个季节的水果，现在最好吃。还有，在日本好朋友结婚，都送三万日元啊。”

“汉语里‘梨’和‘离’的发音一样，‘三’和‘散’的发音很像，所以中国人一般不送梨，也不会送有三的数字的东西。”

“那我送她什么好呢？”

“你［ (5) ］送给他们一箱桃子，再加九百九十九*块钱吧。祝他们新婚快乐，长长久久。”

*“九百九十九”：“九”の発音は“久”と同じ。

(1) 空欄(1)を埋めるのに適当なものはどれか。

① 有　② 才　③ 会　④ 要

(2) 空欄(2)を埋めるのに適当なものはどれか。

① 给　② 为　③ 跟　④ 到

(3) 空欄(3)を埋めるのに適当なものはどれか。

① 的　② 地　③ 得　④ 过

(4) 空欄(4)を埋めるのに適当なものはどれか。

① 为什么　② 不怎么　③ 想怎么　④ 什么时候

⑸ 空欄⑸を埋めるのに適当なものはどれか。

① 喜欢　② 特别　③ 一起　④ 可以

⑹ 本文の内容と**一致しないもの**はどれか。

① 这个季节的梨最好吃，小李结婚时我想送给她。

②“梨”和“三”的发音跟“离散”差不多。

③ 因为我希望他们永远幸福，所以送一箱梨。

④ 在日本，朋友结婚的时候，可以送三万日元。

5 ⑴〜⑸の日本語を中国語に訳し，漢字（簡体字）で書きなさい。

（漢字は崩したり略したりせずに書き，文中・文末には句読点や疑問符をつけること。）

（20 点）

⑴ 図書館には中国語の新聞がたくさんあります。

⑵ きのうは暑かった。

⑶ 兄は自転車で学校に行きます。

⑷ あなたはその本を読みたいですか。

⑸ 母はスーパーで買い物をします。

リスニング

1 会　話

解答：(1) ❹　(2) ❸　(3) ❹　(4) ❶　(5) ❸　(6) ❷　(7) ❹　(8) ❸　(9) ❸　(10) ❶

日常会話でよく使われる問いに対し，正確に答えることができるかどうかを問うています。

(5点×10)

04 (1) 問：我有一个弟弟，你呢？
Wǒ yǒu yí ge dìdi, nǐ ne?
わたしには弟が1人いますが，あなたは？

答：① 他没有弟弟。
Tā méiyǒu dìdi.
彼には弟がいません。

② 我家有五口人。
Wǒ jiā yǒu wǔ kǒu rén.
わが家は5人家族です。

③ 他家有四口人。
Tā jiā yǒu sì kǒu rén.
彼の家は4人家族です。

❹ 我有两个姐姐。
Wǒ yǒu liǎng ge jiějie.
わたしには姉が2人います。

05 (2) 問：请问，现在几点了？
Qǐngwèn, xiànzài jǐ diǎn le?
すみません，今何時ですか。

答：① 九点去学校上课。
Jiǔ diǎn qù xuéxiào shàngkè.
9時に学校へ授業に行きます。

② 五点来这儿打工。
Wǔ diǎn lái zhèr dǎgōng.
5時にここへアルバイトに来ます。

❸ 现在差五分九点。
Xiànzài chà wǔ fēn jiǔ diǎn.
今は9時5分前です。

④ 喝了一点儿咖啡。
Hēle yìdiǎnr kāfēi.
少しコーヒーを飲みました。

06 (3) 問：这是谁的电脑？
Zhè shì shéi de diànnǎo?
これは誰のパソコンですか。

答：① 电脑在小李的房间里。
Diànnǎo zài Xiǎo Lǐ de fángjiān li.
パソコンは李さんの部屋にあります。

② 小李给我打了电话。
Xiǎo Lǐ gěi wǒ dǎle diànhuà.
李さんはわたしに電話をくれました。

③ 这不是小李的手机。
Zhè bú shì Xiǎo Lǐ de shǒujī.
これは李さんの携帯電話ではありません。

❹ 这是小李的电脑吧。
Zhè shì Xiǎo Lǐ de diànnǎo ba.
これは李さんのパソコンでしょう。

07 (4) 問：车站离这儿远不远?
Chēzhàn lí zhèr yuǎn bu yuǎn?
駅はここから遠いですか。

答：❶ 离这儿不太远。
Lí zhèr bú tài yuǎn.
ここからあまり遠くありません。

② 离新年还有一个月。
Lí xīnnián hái yǒu yí ge yuè.
新年まであと1か月あります。

③ 那儿有两个车站。
Nàr yǒu liǎng ge chēzhàn.
あそこには駅が2つあります。

④ 车站里有很多人。
Chēzhàn li yǒu hěn duō rén.
駅には多くの人がいます。

08 (5) 問：你喜欢唱歌儿吗?
Nǐ xǐhuan chàng gēr ma?
あなたは歌を歌うのは好きですか。

答：① 我不喜欢做饭。
Wǒ bù xǐhuan zuò fàn.
わたしは料理が好きではありません。

② 他不喜欢唱歌儿。
Tā bù xǐhuan chàng gēr.
彼は歌を歌うのが好きではありません。

❸ 我不太喜欢唱歌儿。
Wǒ bú tài xǐhuan chàng gēr.
わたしは歌を歌うのがあまり好きではありません。

④ 他不太喜欢散步。
Tā bú tài xǐhuan sànbù.
彼は散歩するのがあまり好きではありません。

09 (6) 問：他在图书馆里看什么?
Tā zài túshūguǎn li kàn shénme?
彼は図書館で何を読んでいるのですか。

答：① 他没在写作业。
Tā méi zài xiě zuòyè.
彼は宿題をしていません。

❷ 他在看日本的杂志。
Tā zài kàn Rìběn de zázhì.
彼は日本の雑誌を読んでいます。

③ 他在写电子邮件。
Tā zài xiě diànzǐ yóujiàn.
彼はメールを書いています。

④ 他没在看手机。
Tā méi zài kàn shǒujī.
彼は携帯電話を見ていません。

10 (7) 問：你会包饺子吗?
Nǐ huì bāo jiǎozi ma?
あなたはギョーザが作れますか。

答：① 你的饺子很好吃。
Nǐ de jiǎozi hěn hǎochī.
あなたのギョーザはおいしい。

② 我的面包不好吃。
Wǒ de miànbāo bù hǎochī.
わたしのパンはおいしくない。

③ 你不会做面包。
Nǐ bú huì zuò miànbāo.
あなたはパンを作れません。

❹ 我不会包饺子。
Wǒ bú huì bāo jiǎozi.
わたしはギョーザを作れません。

11 (8) 問：这里是银行，还是学校?
Zhèli shì yínháng, háishi xuéxiào?
ここは銀行ですか，それとも学校ですか。

答：① 我没在学校，在银行。
Wǒ méi zài xuéxiào, zài yínháng.
わたしは学校ではなく，銀行にいます。

② 他在银行，没在邮局。
Tā zài yínháng, méi zài yóujú.
彼は銀行にいて，郵便局にいません。

❸ 这里是银行，不是学校。
Zhèli shì yínháng, bú shì xuéxiào.
ここは銀行で，学校ではありません。

④ 这里不是学校，是邮局。
Zhèli bú shì xuéxiào, shì yóujú.
ここは学校ではなく，郵便局です。

12 (9) 問：你想和谁一起去?
Nǐ xiǎng hé shéi yìqǐ qù?
あなたは誰と一緒に行きたいですか。

答：① 妹妹想和妈妈一起去。
Mèimei xiǎng hé māma yìqǐ qù.
妹は母と一緒に行きたがっています。

② 我想明天上午去。
Wǒ xiǎng míngtiān shàngwǔ qù.
わたしはあしたの午前中に行きたいです。

❸ 我想和妹妹一起去。
Wǒ xiǎng hé mèimei yìqǐ qù.
わたしは妹と一緒に行きたいです。

④ 妈妈想今天下午去。
Māma xiǎng jīntiān xiàwǔ qù.
母はきょうの午後に行きたがっています。

13 ⑽ 問：你今天很早就起床了吗？
Nǐ jīntiān hěn zǎo jiù qǐchuáng le ma?
あなたはきょう早く起きましたか。

答：❶ 我今天起床起得很晚。
Wǒ jīntiān qǐchuáng qǐde hěn wǎn.
きょうはとても遅く起きました。

② 我今天不想去学校。
Wǒ jīntiān bù xiǎng qù xuéxiào.
きょうは学校に行きたくありません。

③ 我今天早饭吃得不早。
Wǒ jīntiān zǎofàn chīde bù zǎo.
きょうは朝ごはんを食べるのが早くありませんでした。

④ 我今天早上没吃早饭。
Wǒ jīntiān zǎoshang méi chī zǎofàn.
きょうは朝ごはんを食べていません。

2 長文聴解

解答：⑴❷　⑵❸　⑶❶　⑷❷　⑸❸　⑹❹　⑺❷　⑻❶　⑼❸　⑽❶

まとまった分量の中国語を理解できるかどうかを問うています。
婷婷が日曜日に小宏と３人で映画を観に行こうと小明を誘います。　（5 点× 10）

15 A：小明，星期天你和你弟弟打球吗？
Xiǎomíng, xīngqītiān nǐ hé nǐ dìdi dǎ qiú ma?

B：这个星期天不打。怎么了？
Zhège xīngqītiān bù dǎ. Zěnme le?

A：我和朋友去看电影，一起去吧。
Wǒ hé péngyou qù kàn diànyǐng, yìqǐ qù ba.

B：太好了！
Tài hǎo le!

A：你想看外国电影，还是想看中国电影？
Nǐ xiǎng kàn wàiguó diànyǐng, háishi xiǎng kàn Zhōngguó diànyǐng?

B：⑴我喜欢看动画片。欸，⑶婷婷，你的朋友是谁？
Wǒ xǐhuan kàn dònghuàpiàn. Éi, Tíngting, nǐ de péngyou shì shéi?

A：⑶是经济系三年级的学生，叫小宏。
Shì jīngjì xì sān niánjí de xuésheng, jiào Xiǎohóng.

16 B：噢，⑸那他二十一岁吧。
Ò, nà tā èrshiyī suì ba.

A：对，(5)比我们大两岁。他喜欢看日本电影。	Duì, bǐ wǒmen dà liǎng suì. Tā xǐhuan kàn Rìběn diànyǐng.
B：星期天咱们几点见面？	Xīngqītiān zánmen jǐ diǎn jiànmiàn?
A：下午一点，怎么样？	Xiàwǔ yì diǎn, zěnmeyàng?
B：还是早一点儿好。(2)上午十一点吧。	Háishi zǎo yìdiǎnr hǎo. Shàngwǔ shíyī diǎn ba.
A：(4)那咱们一起吃午饭，下午去看电影。	Nà zánmen yìqǐ chī wǔfàn, xiàwǔ qù kàn diànyǐng.
B：好主意。	Hǎo zhǔyi.

訳：

A：小明，日曜日は弟さんと球技をする？

B：この日曜日はしないよ。どうしたの？

A：友達と映画を観に行くの。一緒に行こうよ。

B：いいね。

A：外国の映画と中国の映画とどっちが観たい？

B：(1)僕はアニメを観るのが好きなんだ。ねえ，(3)婷婷，友達って誰？

A：(3)経済学部の3年生で，小宏っていうんだ。

B：あぁ，(5)それなら彼は21歳かな。

A：うん，(5)わたしたちより2歳年上だね。彼は日本の映画が好きなんだよ。

B：日曜日は何時に会う？

A：午後1時はどうかしら？

B：やっぱり少し早めがいいな。(2)午前11時にしようよ。

A：じゃあ(4)一緒に昼ごはんを食べて，午後は映画を観に行こう。

B：いい考えだ。

17 (1) 問：小明喜欢看什么电影？ Xiǎomíng xǐhuan kàn shénme diànyǐng? 小明が好きな映画は何ですか。

答：

① 外国电影。	Wàiguó diànyǐng.	外国映画。
❷ 动画片。	Dònghuàpiàn.	アニメ。
③ 日本电影。	Rìběn diànyǐng.	日本映画。
④ 中国电影。	Zhōngguó diànyǐng.	中国映画。

18 (2) 問：他们星期天几点见面？　彼らは日曜日何時に会いますか。
Tāmen xīngqītiān jǐ diǎn jiànmiàn?

答：① 上午九点。 Shàngwǔ jiǔ diǎn. 午前 9 時。
② 下午一点。 Xiàwǔ yì diǎn. 午後 1 時。
❸ 上午十一点。 Shàngwǔ shíyī diǎn. 午前 11 時。
④ 下午两点。 Xiàwǔ liǎng diǎn. 午後 2 時。

19 (3) 問：小宏是谁？ Xiǎohóng shì shéi? 小宏とは誰ですか。

答：❶ 婷婷的朋友。 Tíngting de péngyou. 婷婷の友達。
② 小明的朋友。 Xiǎomíng de péngyou. 小明の友達。
③ 小明的弟弟。 Xiǎomíng de dìdi. 小明の弟。
④ 婷婷的弟弟。 Tíngting de dìdi. 婷婷の弟。

20 (4) 問：他们星期天怎么玩儿？　彼らは日曜日どのように遊びますか。
Tāmen xīngqītiān zěnme wánr?

答：① 下午看电影，晚上去吃饭。　午後は映画を観に行って，夜は食事に行く。
Xiàwǔ kàn diànyǐng, wǎnshang qù chī fàn.

❷ 中午去吃饭，下午去看电影。　昼は食事に行って，午後は映画を観に行く。
Zhōngwǔ qù chī fàn, xiàwǔ qù kàn diànyǐng.

③ 上午学经济学，下午去看电影。　午前は経済学の勉強をし，午後は映画を観に行く。
Shàngwǔ xué jīngjìxué, xiàwǔ qù kàn diànyǐng.

④ 上午看外国电影，中午看动画片。　午前は外国映画を，昼はアニメを観る。
Shàngwǔ kàn wàiguó diànyǐng, zhōngwǔ kàn dònghuàpiàn.

21 (5) 問：婷婷和小明今年多大了？　婷婷と小明はことし何歳ですか。
Tíngting hé Xiǎomíng jīnnián duō dà le?

答：① 二十一岁。 Èrshiyī suì. 21 歳。
② 二十三岁。 Èrshisān suì. 23 歳。
❸ 十九岁。 Shíjiǔ suì. 19 歳。
④ 二十岁。 Èrshí suì. 20 歳。

上海に留学に来ている鈴木さんは中国語の発音が難しいと感じています。友人で日本語学科の陳さんとは互いの母語を教えあいながら買い物や食事を共にして楽しんでいます。中国語の発音は日本語の発音が上手な陳さんの練習方法を試してみるつもりです。

29　我叫铃木美佳，(6)去年九月我来上海留学，已经四个月了。我在日本学过一年汉语，我觉得汉语的发音很难，(7)我的发音还不太好。

我有一个中国朋友，她叫陈丽，是我们学校日语系二年级的学生。陈丽教我汉语，我教她日语。我们也一起去买东西、吃饭。(8)陈丽喜欢吃辣的，她最爱吃四川菜。

30　(8)我喜欢吃蛋糕和布丁，不过来中国以后，我也慢慢儿能吃一点儿辣的东西了。我们常常在四川饭馆儿吃饭，(9)每次陈丽都点麻婆豆腐，我都点水饺。

陈丽日语发音特别好，(10)她说她常看日本电视，总是一边看电视一边练习发音。我打算以后也每天看中国电视，这样我的汉语发音也一定会好的。

Wǒ jiào Língmù Měijiā, qùnián jiǔyuè wǒ lái Shànghǎi liúxué, yǐjīng sì ge yuè le. Wǒ zài Rìběn xuéguo yì nián Hànyǔ, wǒ juéde Hànyǔ de fāyīn hěn nán, wǒ de fāyīn hái bú tài hǎo.

Wǒ yǒu yí ge Zhōngguó péngyou, tā jiào Chén Lì, shì wǒmen xuéxiào Rìyǔ xì èr niánjí de xuésheng. Chén Lì jiāo wǒ Hànyǔ, wǒ jiāo tā Rìyǔ. Wǒmen yě yìqǐ qù mǎi dōngxi、chī fàn. Chén Lì xǐhuan chī là de, tā zuì ài chī Sìchuān cài.

Wǒ xǐhuan chī dàngāo hé bùdīng, búguò lái Zhōngguó yǐhòu, wǒ yě mànmānr néng chī yìdiǎnr là de dōngxi le. Wǒmen chángcháng zài Sìchuān fànguǎnr chī fàn, měi cì Chén Lì dōu diǎn mápó dòufu, wǒ dōu diǎn shuǐjiǎo.

Chén Lì Rìyǔ fāyīn tèbié hǎo, tā shuō tā cháng kàn Rìběn diànshì, zǒngshì yìbiān kàn diànshì yìbiān liànxí fāyīn. Wǒ dǎsuan yǐhòu yě měi tiān kàn Zhōngguó diànshì, zhèyàng wǒ de Hànyǔ fāyīn yě yídìng huì hǎo de.

訳：わたしは鈴木美佳と申します。(6)去年９月に上海に留学に来て，もう４か月がたちました。日本で１年間中国語を学んだことがありましたが，わたしは中国語の発音はとても難しいと思っています。(7)わたしは発音がまだあまりうまくありません。

わたしは中国人の友人がいます。彼女は陳麗といい，わたしたちの学校の日本語学科２年生の学生です。陳麗さんがわたしに中国語を教え，わたしは彼女に日本語を教えています。わたしたちは一緒に買い物やごはんを食べに行くこともあります。(8)陳麗さんは辛いものが好きで，四川料理がいちばん好きです。

(8)わたしはケーキとプリンが好きですが，中国に来てから，少しずつ辛いものが食べられるようになりました。わたしたちはよく四川料理のレストランで食事をしますが，(9)毎回陳麗さんはマーボー豆腐を注文し，わたしは水ギョーザを注文します。

陳麗さんは日本語の発音がとても上手です。(10)彼女はよく日本のテレビを見ており，いつもテレビを見ながら発音を練習しているのだと言っています。わたしもこれからは毎日中国のテレビを見ようと思います。そうすればわたしの中国語の発音もきっとよくなることでしょう。

31 (6) 問：铃木来中国多长时间了？ Língmù lái Zhōngguó duō cháng shíjiān le? 鈴木さんが中国に来てどれくらいたちましたか。

答：① 九个月。 Jiǔ ge yuè. 9か月。

② 两年。 Liǎng nián. 2年。

③ 一年。 Yì nián. 1年。

❹ 四个月。 Sì ge yuè. 4か月。

32 (7) 問：现在铃木的汉语发音怎么样？ Xiànzài Língmù de Hànyǔ fāyīn zěnmeyàng? いま鈴木さんの中国語の発音はどうですか。

答：① 一定会好的。 Yídìng huì hǎo de. きっとよくなるだろう。

❷ 还不太好。 Hái bú tài hǎo. まだあまりうまくない。

③ 非常好听。 Fēicháng hǎotīng. とてもきれいだ。

④ 特别好。 Tèbié hǎo. とても上手だ。

33 (8) 問：铃木和陈丽喜欢吃什么样的东西？ Língmù hé Chén Lì xǐhuan chī shénme yàng de dōngxi? 鈴木さんと陳麗さんはどのようなものを食べるのが好きですか。

答：❶ 铃木喜欢吃甜的，陈丽喜欢吃辣的。 Língmù xǐhuan chī tián de, Chén Lì xǐhuan chī là de. 鈴木さんは甘いものが好きで，陳麗さんは辛いものが好きだ。

② 铃木喜欢吃辣的，陈丽喜欢吃甜的。
Língmù xǐhuan chī là de, Chén Lì xǐhuan chī tián de.
鈴木さんは辛いものが好きで，陳麗さんは甘いものが好きだ。

③ 铃木和陈丽都喜欢吃辣的。
Língmù hé Chén Lì dōu xǐhuan chī là de.
鈴木さんと陳麗さんはともに辛いものが好きだ。

④ 铃木和陈丽都喜欢吃甜的。
Língmù hé Chén Lì dōu xǐhuan chī tián de.
鈴木さんと陳麗さんはともに甘いものが好きだ。

34 (9) 問：铃木和陈丽一起吃饭时，每次点什么？
Língmù hé Chén Lì yìqǐ chī fàn shí, měi cì diǎn shénme?
鈴木さんと陳麗さんは一緒に食事する時，毎回何を注文しますか。

答：① 蛋糕和布丁。
Dàngāo hé bùdīng.
ケーキとプリン。

② 蛋糕和水饺。
Dàngāo hé shuǐjiǎo.
ケーキと水ギョーザ。

❸ 麻婆豆腐和水饺。
Mápó dòufu hé shuǐjiǎo.
マーボー豆腐と水ギョーザ。

④ 麻婆豆腐和布丁。
Mápó dòufu hé bùdīng.
マーボー豆腐とプリン。

35 (10) 問：陈丽怎么练习日语发音？
Chén Lì zěnme liànxí Rìyǔ fāyīn?
陳麗さんはどのように日本語の発音を練習していますか。

答：❶ 她看电视练习。
Tā kàn diànshì liànxí.
彼女はテレビを見て練習している。

② 她吃饭时练习。
Tā chī fàn shí liànxí.
彼女は食事をする時に練習している。

③ 她和铃木在饭馆儿练习。
Tā hé Língmù zài fànguǎnr liànxí.
彼女は鈴木さんとレストランで練習している。

④ 她买东西时练习。
Tā mǎi dōngxi shí liànxí.
彼女は買い物をする時に練習している。

筆　記

1 ピンイン表記・声調

解答：(1) ❶　(2) ❸　(3) ❷　(4) ❹　(5) ❷　(6) ❸　(7) ❹　(8) ❶　(9) ❷　(10) ❸

1．2 音節の単語の声調パターンが身に付いているかどうかを問うています。声調パターンは 97 頁の「2 音節語の声調の組み合わせ」を繰り返し音読して身に付けましょう。(2 点× 5)

(1) ❶ 同学 tóngxué　(同級生)
② 小时 xiǎoshí　(時間の単位：60 分)
③ 以前 yǐqián　(以前)
④ 女儿 nǚ'ér　(娘)

(2) ① 容易 róngyì　(易しい)
② 学校 xuéxiào　(学校)
❸ 词典 cídiǎn　(辞典)
④ 流利 liúlì　(〔ことばが〕流暢だ)

(3) ① 电脑 diànnǎo　(パソコン)
❷ 问题 wèntí　(問題)
③ 地铁 dìtiě　(地下鉄)
④ 上午 shàngwǔ　(午前)

(4) ① 比赛 bǐsài　(試合)
② 点菜 diǎn cài　(料理を注文する)
③ 礼物 lǐwù　(プレゼント)
❹ 杂志 zázhì　(雑誌)

(5) ① 飞机 fēijī　(飛行機)
❷ 钱包 qiánbāo　(財布)
③ 东京 Dōngjīng　(東京)
④ 出发 chūfā　(出発する)

2. ピンインを正確に覚えているかどうかを問うています。正しく発音することができるかどうかは，ピンインによるチェックが効果的です。 (2点×5)

(6) 车站（駅）

① chējiàng　② chūjiàng　❸ **chēzhàn**　④ chūzhàn

(7) 苹果（リンゴ）

① pīnggǒu　② pínggǒu　③ pīngguǒ　❹ **píngguǒ**

(8) 公司（会社）

❶ **gōngsī**　② gōngxī　③ góngsī　④ góngxī

(9) 冰箱（冷蔵庫）

① bīnxiān　❷ **bīngxiāng**　③ bīngshān　④ bīnshāng

(10) 打球（球技をする）

① tǎ qiú　② dǎ qú　❸ **dǎ qiú**　④ tā qú

2 空欄補充

解答：(1)❷　(2)❶　(3)❷　(4)❶　(5)❸　(6)❸　(7)❶　(8)❹　(9)❶　(10)❸

空欄に入る語はいずれも文法上のキーワードです。 (2点×10)

(1) 我昨天买了两（ 条 ）裤子。
Wǒ zuótiān mǎile liǎng tiáo kùzi.

わたしはきのうズボンを2本買いました。

① 件 jiàn　❷ **条 tiáo**　③ 张 zhāng　④ 个 ge

量詞の問題です。ズボンやスカートなど細長いものは“条”で数えます。“件”は衣類（主として上着）や事柄を数えるのに，“张”は紙類や写真，張った平らな面を持っている物を数えるのに，また“个”は専用の量詞がない名詞や他の量詞の代用に使います。

(2) 长崎（ 离 ）上海有多少公里?
Chángqí lí Shànghǎi yǒu duōshao gōnglǐ?

長崎は上海から何キロありますか。

❶ **离 lí**　② 从 cóng　③ 向 xiàng　④ 和 hé

介詞の問題です。二者間の距離を表すには“离”（より，から）を用い，「A＋“离”＋B＋形容詞」で「AはBから…だ」という構文を使うことが多いです。“从”はある場所・時間の起点を示す「…から」，“向”は「…に向かって」と動作の方向を示し，“和”は「…と」と動作を共にする相手を導いたり並列あるいは選択を表す接続詞としても用いられます。

⑶ 晚上我（ 给 ）你打电话，方便吗？
Wǎnshang wǒ gěi nǐ dǎ diànhuà, fāngbiàn ma?
今晩あなたに電話しますが，ご都合はよろしいですか。

① 到 dào　❷ 给 gěi　③ 在 zài　④ 对 duì

介詞の問題です。電話や手紙は“给”（…に）を用いて動作の受け手を導き“给…打电话”とします。“到”は「…まで，…に」と動作の到達点を，“在”は「…で」と動作の行われる場所を導き，“对”は「…に対して」と動作の対象を示します。

⑷ 我还没在日本吃（ 过 ）寿司。
Wǒ hái méi zài Rìběn chīguo shòusī.
わたしはまだ日本で寿司を食べたことがありません。

❶ 过 guo　② 了 le　③ 的 de　④ 得 de

助詞の問題です。経験を表すには「動詞＋“过”」を使います。否定は「“还没(有)”＋動詞＋“过”（＋目的語)」です。“了”は完了「…した」や変化を，“的”は修飾関係や所有の「の」，あるいは“是…的”構文を構成します。また“得”は結果や程度を表す補語を導きます。

⑸ 你唱歌唱（ 得 ）太好听了。
Nǐ chàng gē chàngde tài hǎotīng le.
あなたは歌を歌うのがとても上手ですね。

① 的 de　② 地 de　❸ 得 de　④ 了 le

程度補語の構文です。「“唱”（動詞）＋“歌”（目的語）＋“唱”（同一動詞）＋“得”＋“太好听了”（程度補語)」の語順で，「…するのが…」という意味を表します。「…するのが…だ」は動詞・形容詞の後ろに“得”を加えて様態補語を導き「動詞・形容詞＋“得”＋形容詞」の語順をとります。動詞に目的語を伴っている場合は，「動詞＋目的語」をその前に置き，動詞を繰り返します。“的”は修飾関係や所有の「の」，“了”は完了の「…した」や変化を，“地”は動詞（句）を修飾する語句の後に置かれ連用修飾語を作り，動詞句につなぎます。

(6) 你怎么不查字典，你的字典（ 呢 ）?
Nǐ zěnme bù chá zìdiǎn, nǐ de zìdiǎn ne?
どうして字書を引かないの？ あなたの字書は？

① 吗 ma　② 了 le　❸ 呢 ne　④ 的 de

助詞の問題です。“…呢？”を用いて，直前の発話内容を受けて日本語の「…は？」のような省略疑問文を作ります。“吗”は文末に用いて「…か」と疑問を表し，“了”は動詞・形容詞の後に置き，動作・行為の実現や完了の「…した」，あるいは変化を表します。“的”は連体修飾語を作る「…の」，あるいは“是…的”構文を構成します。

(7) 妈妈，弟弟（ 又 ）哭了！
Māma, dìdi yòu kū le!
お母さん，弟がまた泣いてるよ！

❶ 又 yòu　② 再 zài　③ 没 méi　④ 还 hái

副詞の問題です。ある事がすでに繰り返されたことを表す「また，再び」には“又”を使います。“再”はこれから行う動作の繰り返しを表す「また」，“没”（“没有”とも）は「…しなかった，まだ…していない」，“还”は「まだ」と動作の未完了や状態の未変化を表します。

(8) 六点了，奶奶还在院子里坐（ 着 ）。
Liù diǎn le, nǎinai hái zài yuànzi li zuòzhe.
6時になっても，おばあさんはまだ庭で腰かけています。

① 吧 ba　② 了 le　③ 呢 ne　❹ 着 zhe

助詞の問題です。「“还”＋動詞＋“着”」はある動作や状態がまだ続いていることを表します。“吧”は推測や提案・誘いかけの「…でしょう，…しなさい，…しよう」，“了”は完了・変化の「…した」，“呢”は疑問や進行の「…は？，ね，よ，…している」という意味です。

(9) 上个星期我（ 没 ）去打工。 先週わたしはアルバイトに行きませんでした。
Shàng ge xīngqī wǒ méi qù dǎgōng.

❶ 没 méi　② 不 bù　③ 会 huì　④ 再 zài

“上个星期”なので過去のことです。過ぎ去った動作を否定する場合，「“没(有)”＋動詞」の形を使います。“不”は「…しない，…ではない」という意味で，過去の行為に対して用いることはできません。“会”は「…することができる，…であろう」，“再”は「(これから) また」という意味で，“上个星期”と一緒に用いることはできません。

(10) 我的电脑（ 没有 ）妹妹的贵。 わたしのパソコンは妹のほど高くない。
Wǒ de diànnǎo méiyǒu mèimei de guì.

① 不是 bú shì　② 就是 jiù shì　❸ 没有 méiyǒu　④ 还有 hái yǒu

比較構文の否定形式です。「A＋“没有”＋B＋形容詞（比較結果)」の語順で表します。“不是”は「…ではない」，“就是”は「すなわち，どうしても」，“还有”は「それから，その上に」という意味です。

3 語順選択

解答：(1)❸　(2)❷　(3)❹　(4)❸　(5)❶　(6)❷　(7)❶　(8)❸　(9)❷　(10)❹

1．文法上のキーワードを含む基本的な文を正確に組み立てることができるかどうかを問うています。 (2点×5)

(1) あなたはしばらくここでテレビを見ていてください。
① 你看在这儿一会儿电视吧。
② 你在这儿电视看一会儿吧。
❸ **你在这儿看一会儿电视吧。** Nǐ zài zhèr kàn yíhuìr diànshì ba.
④ 你一会儿看电视在这儿吧。

“你…吧”は軽い命令を表します。命令の内容「しばらくここでテレビを見る」は，「“在这儿”（介詞フレーズ)＋“看”（動詞)＋“一会儿”（時間量)＋“电视”（目的語)」の語順です。動量詞は通常，動詞と目的語の間に割り込みます。

(2) わたしの本は机の上にあります。

① 桌子上在我的书。

❷ **我的书在桌子上。** Wǒ de shū zài zhuōzi shang.

③ 我的书桌子上在。

④ 桌子上我的书在。

「…は…にある・いる」は「主語＋“在”＋場所」で表現します。モノや人がどこに存在するかという意味を表す文です。「モノ／人“我的书”＋存在を表す動詞“在”＋場所“桌子上”」の語順です。

(3) わたしは体育館へ泳ぎに行くつもりです。

① 我体育馆打算去游泳。

② 我游泳打算体育馆去。

③ 我打算体育馆去游泳。

❹ **我打算去体育馆游泳。** Wǒ dǎsuan qù tǐyùguǎn yóuyǒng.

「…するつもり」は“打算”を用いて「…する」内容を表す動詞句を目的語にとります。「どこかへ何かをしに行く」は，連動文で表現し「“去”（行く）＋“体育馆”（体育館）＋“游泳”（泳ぐ）」と動作の行われる順に並べます。

(4) コーヒーをもう１杯下さい。

① 请给我再咖啡一杯。

② 请给我咖啡再一杯。

❸ **请再给我一杯咖啡。** Qǐng zài gěi wǒ yì bēi kāfēi.

④ 请再给咖啡一杯我。

「…してください」という“请”は文頭に，「（わたしに）下さい」なので“给我”，「コーヒー１杯」は“一杯咖啡”，「もう」は副詞“再”を用いて動詞“给”の前に置きます。「人にモノをいくらかやる」は「“给”（やる，あげる，くれる）＋“我”（わたしに）＋“一杯”（１杯）＋“咖啡”（コーヒーを）」の語順です。

(5) きょうはきのうよりだいぶ寒い。

❶ **今天比昨天冷多了。** Jīntiān bǐ zuótiān lěng duō le.

② 比昨天今天冷多了。

③ 今天冷多了比昨天。

④ 比昨天冷多了今天。

比較構文です。「AはBよりどれだけ…だ」は「A“今天”+“比”+B“昨天”+“冷”形容詞（比較結果）+程度の差を表す“多了”」の語順です。“多了”は「だいぶ」の訳です。

2. 与えられた語句を用いて正確に文を組み立てることができるかどうかを問うています。（2点×5）

(6) 彼はビールを2杯飲みました。

他 ④ 喝 [❷ 了] ① 两杯 ③ 啤酒。

Tā hēle liǎng bēi píjiǔ.

動作の量は動詞の後ろに置きますが，完了を示す“了”がある場合は「動詞+“了”+動作の量+(目的語)」の語順で表します。

(7) パオズはギョーザと同じくらいおいしい。

包子 ② 跟 ④ 饺子 [❶ 一样] ③ 好吃。

Bāozi gēn jiǎozi yíyàng hǎochī.

「AはBと同じくらい…だ」は「A+“跟／和”+B+“一样”+形容詞」という文型を用いて表現します。

(8) わたしは中国の映画を1回観たことがあります。

我 ④ 看 ① 过 [❸ 一次] ② 中国电影。

Wǒ kànguo yí cì Zhōngguó diànyǐng.

動態助詞“过”を動詞の直後に付けて「…したことがある」という過去の経験を表します。動作の量はさらにその後に置きます。

(9) あなたは毎日どうやって学校に来ますか。

你 ③ 每天 [❷ 怎么] ① 来 ④ 学校？

Nǐ měi tiān zěnme lái xuéxiào?

“怎么”は疑問詞で，方法，原因と理由を表しますが，この文は方法を尋ねているので動詞の直前に“怎么”を置きます。

(10) きょうわたしは朝ごはんを食べていません。

今天 ③ 我 ① 没有 [❹ 吃] ② 早饭。

Jīntiān wǒ méiyou chī zǎofàn.

「…していない」という場合，否定を表す副詞“没”または“没有”を，動詞の前に用い「“没／没有”＋動詞＋…」の語順で表します。

4 長文読解

解答：(1)❹ (2)❸ (3)❷ (4)❶ (5)❹ (6)❸

まとまった内容の長文を正確に理解できるかどうかを問うています。

昨天，小李告诉我她下个月[(1)要]结婚了，请我去参加她的婚礼。

我想给她送一些礼物，可是我不知道送她什么东西好。所以，我去[(2)跟]我的中国朋友商量：“我送她一箱梨和三万日元，怎么样？”

我的朋友笑了，他问我：“你不希望他们幸福吗？”

“你怎么这么说？我当然希望他们幸福啊！”我有点儿生气[(3)地]说。

“那你[(4)为什么]送给他们梨和三万日元啊？”

“因为梨是这个季节的水果，现在最好吃。还有，在日本好朋友结婚，都送三万日元啊。”

“(6)汉语里‘梨’和‘离’的发音一样，‘三’和‘散’的发音很像，所以中国人一般不送梨，也不会送有三的数字的东西。”

“那我送她什么好呢？”

“(6)你[(5)可以]送给他们一箱桃子，再加九百九十九块钱吧。祝他们新婚快乐，长长久久。”

Zuótiān, Xiǎo Lǐ gàosu wǒ tā xià ge yuè [yào] jiéhūn le, qǐng wǒ qù cānjiā tā de hūnlǐ.

Wǒ xiǎng gěi tā sòng yìxiē lǐwù, kěshì wǒ bù zhīdào sòng tā shénme dōngxi hǎo. Suǒyǐ, wǒ qù [gēn] wǒ de Zhōngguó péngyou shāngliang: “Wǒ sòng tā yì xiāng lí hé sān wàn rìyuán, zěnmeyàng?”

Wǒ de péngyou xiào le, tā wèn wǒ: “Nǐ bù xīwàng tāmen xìngfú ma?”

“Nǐ zěnme zhème shuō? Wǒ dāngrán xīwàng tāmen xìngfú a!” Wǒ yǒudiǎnr shēngqì [de] shuō.

"Nà nǐ wèi shénme sònggěi tāmen lí hé sān wàn rìyuán a?"

"Yīnwei lí shì zhège jìjié de shuǐguǒ, xiànzài zuì hǎochī. Háiyǒu, zài Rìběn hǎo péngyou jiéhūn, dōu sòng sān wàn rìyuán a."

"Hànyǔ li 'lí' hé 'lí' de fāyīn yíyàng, 'sān' hé 'sàn' de fāyīn hěn xiàng, suǒyǐ Zhōngguórén yìbān bú sòng lí, yě bú huì sòng yǒu sān de shùzì de dōngxi."

"Nà wǒ sòng tā shénme hǎo ne?"

"Nǐ kěyǐ sònggěi tāmen yì xiāng táozi, zài jiā jiǔbǎi jiǔshijiǔ kuài qián ba. Zhù tāmen xīnhūn kuàilè, chángchángjiǔjiǔ."

訳：きのう，李さんが来月結婚することになったからと，わたしを結婚式に招待してくれました。

わたしは彼女に少しばかりご祝儀の贈り物を贈りたかったのですが，何を贈ればいいかわかりませんでした。そこで，中国人の友人に「彼女に梨 1 箱と 3 万円を贈るのはどうだろう？」と，相談してみました。

友人は笑って，「彼らに幸せになってほしくないの？」と聞くのです。わたしはちょっとムッとして，「どうしてそんなことを言うの？ 彼らの幸せを願っているにきまっているわ！」と言いました。

「それなら，どうして彼らに梨と 3 万円を贈ろうとするの？」

「梨が旬の果物で，今がいちばんおいしいからで，それに，日本では仲の良い友達が結婚するとき，大概 3 万円を贈るから。」

「(6)中国語では「梨」は「離」の発音と一緒だし，「三」の発音は「散」と似ているので，中国人は普通，梨を贈り物にはしないし，ご祝儀に三という数字のつく物を贈るなんてあり得ない。」

「では，わたしは彼女に何を贈ればいいの？」

「(6)桃一箱に 999 元のご祝儀を添えて贈るといいよ。彼らの新婚生活が楽しくて，末永く幸せであることを願って。」

※"九百九十九"："九"の発音は"久"と同じ。

(1) 空欄補充 (3 点)

① 有 yǒu　② 才 cái　③ 会 huì　❹ 要 yào

"要…了"は能願動詞の"要"と文末助詞の"了"が呼応して用いられ，近未来に発生する新たな事態を表し，「まもなく…する，もうすぐ…になる」という意味です。"会"は可能性があることを表す場合もありますが，ここでは文末に"了"があるので，使えません。"有"は「ある / いる」，"才"は「やっと」という意味で，いずれも使えません。

(2) 空欄補充 (3点)

① 给 gěi　② 为 wèi　❸ 跟 gēn　④ 到 dào

介詞の問題です。後ろに“商量”(相談する) という動詞があるので，相談する相手を導くには，“跟”を使います。介詞としての“给”は「…に対して」，“为”は「…のために」，“到”は「…まで」という意味です。

(3) 空欄補充 (4点)

① 的 de　❷ 地 de　③ 得 de　④ 过 guo

“生气”(怒る) は後ろの動詞“说”を修飾するために，後ろに“地”を入れて連用修飾語を作ります。“的”は所有の「の」，または連体修飾語を作り，“得”は様態補語を導き，“过”は動詞の後ろに付けて経験を表します。

(4) 空欄補充 (3点)

❶ 为什么 wèi shénme　② 不怎么 bù zěnme
③ 想怎么 xiǎng zěnme　④ 什么时候 shénme shíhou

この文は疑問文ですので空欄には疑問詞が入ると予想されます。①“为什么”と④“什么时候”のうち，理由や原因を聞く“为什么”を選びます。“不怎么”は「そんなに…ない」，“想怎么”は「どのように…したい」，“什么时候”は「いつ」という意味です。

(5) 空欄補充 (3点)

① 喜欢 xǐhuan　② 特别 tèbié　③ 一起 yìqǐ　❹ 可以 kěyǐ

“可以”は助動詞で，動詞の前に置いて「…できる，…してよい」という意味のほか，「…すればよい」と勧める意味も表します。“喜欢”は「…が好きだ」，“特别”は「とりわけ，特に」，“一起”は「一緒に」という意味です。

(6) 内容不一致 (4点)

① 这个季节的梨最好吃，小李结婚时我想送给她。
Zhège jìjié de lí zuì hǎochī, Xiǎo Lǐ jiéhūn shí wǒ xiǎng sònggěi tā.

この季節の梨がもっともおいしいので，李さんが結婚するときに贈るつもりでいる。

② “梨”和“三”的发音跟“离散”差不多。

“Lí” hé “sān” de fāyīn gēn “lísàn” chàbuduō.

「梨」と「三」の発音は「離散する」に似ている。

❸ **因为我希望他们永远幸福，所以送一箱梨。**

Yīnwei wǒ xīwàng tāmen yǒngyuǎn xìngfú, suǒyǐ sòng yì xiāng lí.

彼らの末永い幸せを願っているので，わたしは梨を 1 箱贈る。

④ 在日本，朋友结婚的时候，可以送三万日元。

Zài Rìběn, péngyou jiéhūn de shíhou, kěyǐ sòng sān wàn rìyuán.

日本では友達が結婚するときは，3 万円を贈ってもよい。

9～10 行目で中国人の友人から“汉语里‘梨’和‘离’的发音一样，‘三’和‘散’的发音很像，所以中国人一般不送梨，也不会送有三的数字的东西。”と，中国人は梨と三の数字のつく物は音が「離散」に通じるので贈らないと助言され，12～13 行目では“你可以送给他们一箱桃子，再加九百九十九块钱吧。祝他们新婚快乐，长长久久。”と提案されていることから，③は内容と合いません。

5 日文中訳

(4 点 × 5)

⑴ 図書館には中国語の新聞がたくさんあります。

图书馆里有 很多/许多 中文/汉语 报纸。

Túshūguǎn li yǒu hěn duō/xǔduō Zhōngwén/Hànyǔ bàozhǐ.

「（場所）にモノ・人がある / いる」という場合は「場所 +“有”+ モノ・人」で表現します。「新聞がたくさんある」というのは「たくさんの新聞がある」と考え，“有很多报纸”とします。

⑵ きのうは暑かった。

昨天很热。Zuótiān hěn rè.

形容詞述語文です。“很”などの程度副詞を付けるほうが文に安定感があります。程度副詞を付けないと，比較の意味になりがちです。日本語は過去形ですが，中国語は文末に“了”は付けません。中国語では「暑い」というときと同様“热”のみです。“了”は「動作の完了」や「変化」を表すため，この場合は用いませんので注意しましょう。

(3) 兄は自転車で学校に行きます。

哥哥骑自行车去学校。Gēge qí zìxíngchē qù xuéxiào.

連動文です。動作の時間順で文が構成されます。「自転車で学校に行く」は“骑自行车”（自転車に乗る）と“去学校”（学校に行く）の２つの動詞句ととらえ，前に手段を，後ろに目的を置きます。

(4) あなたはその本を読みたいですか。

你想 看／读 那本书吗？ Nǐ xiǎng kàn/dú nà běn shū ma?

你想不想 看／读 那本书？ Nǐ xiǎngbuxiǎng kàn/dú nà běn shū?

「…したい」は“想”を用います。本を数える量詞は“本”を用います。疑問は“…吗”の形，または「肯定＋否定」という正反疑問文の形で訳せます。

(5)母はスーパーで買い物をします。

妈妈在超市（里）买东西。Māma zài chāoshì (li) mǎi dōngxi.

「(場所）で…する」という場合，介詞“在”を用いて「“在”＋場所＋動詞」とします。「スーパーで」は“在超市”，「…の中」という意味の“里”を加えてもかまいません。「買い物をする」は“买东西”です。

4級第110回

(2023年11月)

問　題

解答時間：計100分

配点：リスニング100点，筆記100点

解答と解説

リスニング （⇨解答と解説75頁）

03 **1** ⑴〜⑽の問いの答えとして最も適当なものを，①〜④の中から 1 つ選びなさい。

（50 点）

04 ⑴

① ② ③ ④

05 ⑵

① ② ③ ④

06 ⑶

① ② ③ ④

07 ⑷

① ② ③ ④

08 ⑸

① ② ③ ④

09 ⑹

① ② ③ ④

10 ⑺

① ② ③ ④

11 ⑻

① ② ③ ④

12 ⑼

① ② ③ ④

13 ⑽

① ② ③ ④

14 **2** 中国語を聞き，⑴～⑽の問いの答えとして最も適当なものを，①～④の中から１つ選びなさい。 (50 点)

15
22

16
23

⑴～⑸の問いは音声のみで，文字の印刷はありません。

17 ⑴

24 ① ② ③ ④

18 ⑵

25 ① ② ③ ④

19 ⑶

26 ① ② ③ ④

20 ⑷

27 ① ② ③ ④

21 ⑸

28 ① ② ③ ④

29

36

30

37

31 ⑹ 我现在是大学几年级的学生？

38 ① ② ③ ④

32 ⑺ 我在北京学过多长时间汉语？

39 ① ② ③ ④

33 ⑻ 我去过中国的哪些城市？

40 ① ② ③ ④

34 ⑼ 我毕业后要去哪儿工作？

41 ① ② ③ ④

35 ⑽ 我打算工作几年以后做什么？

42 ① ② ③ ④

筆　記 (⇨解答と解説85頁)

1　1. ⑴〜⑸の中国語①〜④の中から，声調の組み合わせが他と異なるものを１つ選びなさい。 (10点)

⑴	① 号码	② 下午	③ 去年	④ 电影
⑵	① 寒假	② 学校	③ 时代	④ 工作
⑶	① 商品	② 交流	③ 公园	④ 空调
⑷	① 钱包	② 台风	③ 首都	④ 毛衣
⑸	① 可乐	② 餐厅	③ 以后	④ 眼镜

2. ⑹〜⑽の中国語の正しいピンイン表記を，①〜④の中から１つ選びなさい。 (10点)

⑹ 机场	① qīchǎng	② jīchǎng	③ qīchǎn	④ jīchǎn
⑺ 水果	① suǐguǒ	② suǐgǒu	③ shuǐguǒ	④ shuǐgǒu
⑻ 教室	① jiàoshì	② qiàosì	③ qiàoshì	④ jiàosì
⑼ 课本	① kùběn	② kèběn	③ kùpěn	④ kèpěn
⑽ 宿舍	① sùshè	② sùsè	③ xùshè	④ xùsè

2 ⑴〜⑽の中国語の空欄を埋めるのに最も適当なものを，①〜④の中から１つ選びなさい。 (20 点)

⑴ 你有几（　　　）衣服？

① 本　② 枚　③ 件　④ 张

⑵ 你的名字（　　　）写？

① 哪儿　② 什么　③ 多么　④ 怎么

⑶ 我（　　　）中国文化很感兴趣。

① 离　② 对　③ 从　④ 跟

⑷（　　　）喜欢，你就多吃一点儿吧。

① 多么　② 所以　③ 如果　④ 还是

⑸ 我昨天（　　　）去京都了。

① 又　② 太　③ 再　④ 才

⑹ 他（　　　）去过中国。

① 不　② 没　③ 别　④ 无

⑺ 这是我做（　　　）蛋糕。

① 的　② 着　③ 了　④ 得

⑻ 他（　　　）朋友一起来。

① 从　② 对　③ 在　④ 跟

⑼ 你（　　　）喝酒了。

① 不会　② 不是　③ 别　④ 没

⑽ 快要放假（　　　）。

① 吧　② 了　③ 呢　④ 的

3 1．(1)～(5)の日本語の意味に合う中国語を，①～④の中から1つ選びなさい。

(10 点)

(1) この絵はあの絵ほど良くありません。

① 这幅画那幅画没有好。

② 这幅画好没有那幅画。

③ 这幅画没有那幅画好。

④ 这幅画好那幅画没有。

(2) きのう，わたしは9時にはもう寝ました。

① 昨天我九点就睡觉了。

② 昨天我就九点睡觉了。

③ 昨天我九点了就睡觉。

④ 昨天我就睡觉了九点。

(3) 姉はわたしより5歳年上です。

① 姐姐大我比五岁。

② 姐姐比我五岁大。

③ 姐姐五岁比我大。

④ 姐姐比我大五岁。

(4) わたしたちも全員が留学生というわけではありません。

① 我们不都也是留学生。

② 我们都也不是留学生。

③ 我们也都不是留学生。

④ 我们也不都是留学生。

(5) わたしは料理を作るのがあまり上手ではありません。

① 我做得菜做不太好。

② 我做菜做得不太好。

③ 我做得不太好做菜。

④ 我不太好做菜做得。

2. ⑹〜⑽の日本語の意味になるように①〜④を並べ替えたときに，[　　　]内に入るものを選びなさい。　(10点)

⑹ 郵便局は学校の近くにあります。

________ [________] ________ ________。

① 邮局　　② 在　　③ 学校　　④ 附近

⑺ 父は毎日車で出勤します。

爸爸________ [________] ________ ________。

① 去　　② 每天　　③ 上班　　④ 开车

⑻ 子どもたちは教室を駆け出して行きました。

孩子们________ ________ [________] ________。

① 去　　② 跑出　　③ 教室　　④ 了

⑼ わたしは毎年祖父に誕生日プレゼントをあげます。

我________ ________ [________] ________。

① 每年　　② 给　　③ 爷爷　　④ 生日礼物

⑽ わたしは昨年中国へ3回行きました。

我________ [________] ________ ________。

① 三次　　② 去年　　③ 去了　　④ 中国

4 次の文章を読み，(1)～(6)の問いの答えとして最も適当なものを，①～④の中から1つ選びなさい。 (20点)

我和我爱人都很喜欢去旅游。我们两个工作都很忙，但是每年都会一起去旅游。我们有一个十二岁的儿子，每年暑假，我们都和儿子去旅游，我们的暑假过得非常愉快。但是，今年的暑假 [(1)] 以前不一样，他和一个同学去同学奶奶家玩儿了一个星期。同学奶奶家在海边， [(2)] 山也很近。在这一个星期里，儿子和同学每天吃完早饭就去游泳，或者去山里玩儿。他们每天带 [(3)] 同学奶奶做的三明治和面包，在山上或者海边吃，天黑了 [(4)] 回到同学奶奶家。

暑假之前，我们听儿子说要去同学奶奶家的时候，有点儿担心，因为他没有一个人在别人家住过，会不会想家呢？每天晚上我们都想 [(5)] 他打电话，但一次也没打。儿子回来的时候，我们一看他就知道他成长了很多，我们都很高兴。

(1) 空欄(1)を埋めるのに適当なものはどれか。

① 在　　② 对　　③ 向　　④ 跟

(2) 空欄(2)を埋めるのに適当なものはどれか。

① 离　　② 从　　③ 往　　④ 和

(3) 空欄(3)を埋めるのに適当なものはどれか。

① 了　　② 过　　③ 着　　④ 的

(4) 空欄(4)を埋めるのに適当なものはどれか。

① 还　　② 才　　③ 都　　④ 也

(5) 空欄(5)を埋めるのに適当なものはどれか。

① 给　　② 对　　③ 向　　④ 往

(6) 本文の内容と**一致しないもの**はどれか。

① 同学的奶奶每天给他们做午饭。

② 这是我儿子第一次在别人家住。

③ 这个暑假儿子有了很大的变化。

④ 今年暑假我是和儿子一起过的。

5 (1)～(5)の日本語を中国語に訳し，漢字（簡体字）で書きなさい。
（漢字は崩したり略したりせずに書き，文中・文末には句読点や疑問符をつけること。）

（20点）

(1) あなたの身長はどのくらいですか。

(2) わたしはあの雑誌を読み終えました。

(3) わたしは牛乳を買いたいですが，あなたは？

(4) 兄はお風呂に入っているところです。

(5) 張先生はわたしたちに音楽を教えています。

リスニング

1 会 話

解答：(1) ❷ (2) ❶ (3) ❹ (4) ❸ (5) ❹ (6) ❷ (7) ❹ (8) ❸ (9) ❸ (10) ❷

日常会話でよく使われる問いに対し，正確に答えることができるかどうかを問うています。

(5点×10)

04 (1) 問：您是医生吗？ Nín shì yīshēng ma? — あなたはお医者様ですか。

答：① 是，我是学生。 Shì, wǒ shì xuésheng. — はい，わたしは学生です。

❷ 不是，我是老师。 Bú shì, wǒ shì lǎoshī. — いいえ，わたしは教師です。

③ 是，他是医生。 Shì, tā shì yīshēng. — はい，彼は医者です。

④ 不是，他是老师。 Bú shì, tā shì lǎoshī. — いいえ，彼は教師です。

05 (2) 問：你吃饭了吗？ Nǐ chī fàn le ma? — あなたはごはんを食べましたか。

答：❶ 我还没吃呢。 Wǒ hái méi chī ne. — わたしはまだ食べていません。

② 我去公园了。 Wǒ qù gōngyuán le. — わたしは公園へ行きました。

③ 他还没洗澡。 Tā hái méi xǐzǎo. — 彼はまだお風呂に入っていません。

④ 他已经吃了。 Tā yǐjīng chī le. — 彼はもう食べました。

06 (3) 問：你家有几口人？ Nǐ jiā yǒu jǐ kǒu rén? — あなたの家は何人家族ですか。

答：① 他有两个姐姐。 Tā yǒu liǎng ge jiějie. — 彼には姉が2人います。

② 他家有五口人。
Tā jiā yǒu wǔ kǒu rén.
彼の家は 5 人家族です。

③ 我家里没有狗。
Wǒ jiāli méiyǒu gǒu.
わたしの家には犬はいません。

❹ 我家有五口人。
Wǒ jiā yǒu wǔ kǒu rén.
わたしの家は 5 人家族です。

07 (4) 問：小李，这是谁的词典？
Xiǎo Lǐ, zhè shì shéi de cídiǎn?
李さん，これは誰の辞書ですか。

答：① 词典在那儿。
Cídiǎn zài nàr.
辞書はそこにあります。

② 我不买词典。
Wǒ bù mǎi cídiǎn.
わたしは辞書を買いません。

❸ 我也不知道。
Wǒ yě bù zhīdào.
わたしも知りません。

④ 他想买词典。
Tā xiǎng mǎi cídiǎn.
彼は辞書を買うつもりです。

08 (5) 問：我坐公交车去，你呢？
Wǒ zuò gōngjiāochē qù, nǐ ne?
わたしはバスで行きますが，あなたは？

答：① 我会做中国菜。
Wǒ huì zuò Zhōngguó cài.
わたしは中国料理を作ることができます。

② 我正在做作业。
Wǒ zhèngzài zuò zuòyè.
わたしはちょうど宿題をしているところです。

③ 我没坐过飞机。
Wǒ méi zuòguo fēijī.
わたしはまだ飛行機に乗ったことがありません。

❹ 我想坐地铁去。
Wǒ xiǎng zuò dìtiě qù.
わたしは地下鉄で行きたいです。

09 (6) 問：明天你去，还是我去？
Míngtiān nǐ qù, háishi wǒ qù?
あすはあなたが行きますか，それともわたしが行きますか。

答：① 昨天我去图书馆了。
Zuótiān wǒ qù túshūguǎn le.
きのうわたしは図書館に行きました。

❷ 明天我不能去。
Míngtiān wǒ bù néng qù.
あすわたしは行くことができません。

③ 昨天他也没来学校。
Zuótiān tā yě méi lái xuéxiào.
きのう彼も学校に来ませんでした。

④ 明天他不想去。
Míngtiān tā bù xiǎng qù.
あす彼は行きたくありません。

10 (7) 問：你每天睡几个小时？
Nǐ měi tiān shuì jǐ ge xiǎoshí?
あなたは毎日何時間寝ますか。

答：① 我睡了十二个小时。
Wǒ shuìle shí'èr ge xiǎoshí.
わたしは12時間寝ました。

② 我每天都睡得很晚。
Wǒ měi tiān dōu shuìde hěn wǎn.
わたしは毎日寝るのがとても遅いです。

③ 我每天都十点睡觉。
Wǒ měi tiān dōu shí diǎn shuìjiào.
わたしは毎日10時に寝ます。

❹ **我每天睡八个小时。**
Wǒ měi tiān shuì bā ge xiǎoshí.
わたしは毎日8時間寝ます。

11 (8) 問：你妈妈身体好吗？
Nǐ māma shēntǐ hǎo ma?
あなたのお母さんはお元気ですか。

答：① 是的，很好吃。
Shì de, hěn hǎochī.
そうです，おいしいです。

② 谢谢，我很好。
Xièxie, wǒ hěn hǎo.
ありがとう，わたしは元気です。

❸ **谢谢，她很好。**
Xièxie, tā hěn hǎo.
ありがとう，母は元気です。

④ 是的，很好看。
Shì de, hěn hǎokàn.
そうです，きれいです。

12 (9) 問：你哥哥今年多大了？
Nǐ gēge jīnnián duō dà le?
あなたのお兄さんはことし何歳になりますか。

答：① 他也是大学生。
Tā yě shì dàxuéshēng.
彼も大学生です。

② 我今年二十岁。
Wǒ jīnnián èrshí suì.
わたしはことし20歳です。

❸ **他二十九岁了。**
Tā èrshijiǔ suì le.
兄は29歳になります。

④ 哥哥的书很多。 Gēge de shū hěn duō.
兄の本は多いです。

13 ⑽ 問：你喜欢吃中国菜吗？ Nǐ xǐhuan chī Zhōngguó cài ma?
あなたは中国料理が好きですか。

答：① 对，我很喜欢吃日本菜。 Duì, wǒ hěn xǐhuan chī Rìběn cài.
はい，わたしは日本料理が好きです。

❷ 对，我很喜欢吃中国菜。 Duì, wǒ hěn xǐhuan chī Zhōngguó cài.
はい，わたしは中国料理が好きです。

③ 对，我不喜欢吃韩国菜。 Duì, wǒ bù xǐhuan chī Hánguó cài.
はい，わたしは韓国料理が好きではありません。

④ 对，我不喜欢吃法国菜。 Duì, wǒ bù xǐhuan chī Fǎguó cài.
はい，わたしはフランス料理が好きではありません。

2 長文聴解

解答：(1)❹ (2)❶ (3)❷ (4)❹ (5)❸ (6)❹ (7)❸ (8)❷ (9)❹ ⑽❶

まとまった分量の中国語を理解できるかどうかを問うています。
二人が一緒に映画を観に行く相談をしています。 (5点×10)

15 A：(1)星期五咱们去看电影吧。 Xīngqīwǔ zánmen qù kàn diànyǐng ba.

B：什么电影啊？ Shénme diànyǐng a?

A：(1)美国电影，很有意思。 Měiguó diànyǐng, hěn yǒu yìsi.

B：我很想看，不过星期五有足球比赛。 Wǒ hěn xiǎng kàn, búguò xīngqīwǔ yǒu zúqiú bǐsài.

A：那星期六或者星期天去怎么样？ Nà xīngqīliù huòzhě xīngqītiān qù zěnmeyàng?

B：(2)星期天可以，上午去还是下午去？ Xīngqītiān kěyǐ, shàngwǔ qù háishi xiàwǔ qù?

A：下午去吧，看完电影，一起喝杯咖啡吧。 Xiàwǔ qù ba, kànwán diànyǐng, yìqǐ hē bēi kāfēi ba.

B：好。(3)电影院附近就有一家咖啡馆儿。	Hǎo. Diànyǐngyuàn fùjìn jiù yǒu yì jiā kāfēiguǎnr.
16 A：你在那儿喝过咖啡吗？	Nǐ zài nàr hēguo kāfēi ma?
B：喝过。那儿的红茶也很好喝。	Hēguo. Nàr de hóngchá yě hěn hǎohē.
A：(4)我想尝尝乌龙茶和花茶，那儿有吗？	Wǒ xiǎng chángchang wūlóngchá hé huāchá, nàr yǒu ma?
B：有，各种中国茶都有。不过没有日本茶。	Yǒu, gè zhǒng Zhōngguó chá dōu yǒu. Búguò méi yǒu Rìběn chá.
A：我明天去买电影票。	Wǒ míngtiān qù mǎi diànyǐng piào.
B：咱们看几点的？	Zánmen kàn jǐ diǎn de?
A：(5)看下午两点的吧。	Kàn xiàwǔ liǎng diǎn de ba.
B：好，那就一点五十在电影院门口见吧！	Hǎo, nà jiù yì diǎn wǔshí zài diànyǐngyuàn ménkǒu jiàn ba!

訳：

A：(1)金曜日に一緒に映画を観に行きましょう。

B：どんな映画ですか。

A：(1)アメリカ映画です，面白いですよ。

B：とても行きたいですが，金曜日はサッカーの試合があります。

A：では，土曜日か日曜日はどうですか。

B：(2)日曜日がよいです。午前中に，それとも午後に行きますか。

A：午後行きましょう。映画を観終わったら一緒にコーヒーを飲みましょう。

B：そうですね。(3)映画館の近くにカフェが1軒あります。

A：そこでコーヒーを飲んだことはありますか。

B：飲んだことがあります。そこの紅茶もとてもおいしいです。

A：(4)わたしはウーロン茶とジャスミン茶を味わってみたいのですが，そこにはありますか。

B：あります。各種の中国茶があります。でも，日本茶はありません。

A：わたしはあす映画のチケットを買いに行きます。

B：わたしたちは何時のを観ますか。

A：(5)午後2時のを観ましょう。

B：わかりました。では1時50分に映画館の入口で会いましょう。

17 (1) 問：女的想做什么事？
Nǚ de xiǎng zuò shénme shì?
女性は何をしたいと思っていますか。

答：① 她打算去看足球比赛。
Tā dǎsuan qù kàn zúqiú bǐsài.
彼女はサッカーの試合を観に行くつもりです。

② 跟朋友去看中国电影。
Gēn péngyou qù kàn Zhōngguó diànyǐng.
友達と中国映画を観に行く。

③ 她想今天去买电影票。
Tā xiǎng jīntiān qù mǎi diànyǐng piào.
彼女はきょう映画のチケットを買いに行きたい。

❹ 跟朋友去看美国电影。
Gēn péngyou qù kàn Měiguó diànyǐng.
友達とアメリカ映画を観に行く。

18 (2) 問：男的什么时候有时间？
Nán de shénme shíhou yǒu shíjiān?
男性はいつ時間がありますか。

答：❶ 星期天。 Xīngqītiān. 日曜日。

② 星期一。 Xīngqīyī. 月曜日。

③ 星期五。 Xīngqīwǔ. 金曜日。

④ 星期六。 Xīngqīliù. 土曜日。

19 (3) 問：电影院附近有什么？
Diànyǐngyuàn fùjìn yǒu shénme?
映画館の付近には何がありますか。

答：① 有一家银行。
Yǒu yì jiā yínháng.
銀行がある。

❷ 有一家咖啡馆。
Yǒu yì jiā kāfēiguǎn.
カフェがある。

③ 有一个图书馆。
Yǒu yí ge túshūguǎn.
図書館がある。

④ 有一家超市。
Yǒu yì jiā chāoshì.
スーパーがある。

20 (4) 問：女的想尝尝什么？
Nǚ de xiǎng chángchang shénme?
女性は何を味わってみたいと思っていますか。

答：① 乌龙茶和咖啡。
Wūlóngchá hé kāfēi.
ウーロン茶とコーヒー。

② 咖啡和日本茶。
Kāfēi hé Rìběn chá.
コーヒーと日本茶。

③ 花茶和日本茶。
Huāchá hé Rìběn chá.
ジャスミン茶と日本茶。

❹ 花茶和乌龙茶。
Huāchá hé wūlóngchá.
ジャスミン茶とウーロン茶。

21 (5) 問：他们想看几点的电影？
Tāmen xiǎng kàn jǐ diǎn de diànyǐng?
彼らは何時の映画を観たいと思っていますか。

答：① 想看两点的足球比赛。
Xiǎng kàn liǎng diǎn de zúqiú bǐsài.
2時のサッカーの試合を見たいと思っています。

② 他们想看一点的电影。
Tāmen xiǎng kàn yì diǎn de diànyǐng.
彼らは1時の映画を観たいと思っています。

❸ 他们想看两点的电影。
Tāmen xiǎng kàn liǎng diǎn de diànyǐng.
彼らは2時の映画を観たいと思っています。

④ 一点五十的足球比赛。
Yì diǎn wǔshí de zúqiú bǐsài.
1時50分のサッカーの試合です。

大学で中国語を学び，3年生の時に半年間中国に留学したわたしは，中国語が大好きなので大学卒業後にもさらに1年間留学したいのだが…。

29 我今年二十二岁，(6)是大学四年级的学生。我在大学学了两年汉语。我的专业是英语，不过我很喜欢学习汉语。大学三年级的时候，我还去中国留过学，(7)在北京学了半年汉语。我在中国的时候，(8)除了故宫、长城等北京有名的地方以外，还跟朋友一起去天津和西安旅行过。因为我很喜欢中国的历史，所以北京和西安我都喜欢。我也很喜欢吃中国菜，最爱吃的是北京烤鸭。我还没去过上海，我很想去上海吃小笼包。

30 因为我太喜欢学习汉语了，所以想毕业以后再去上海留学一年。不过，我父母不同意我毕业后马上就去留学，我只能先回老家，(9)在银行工作几年以后，(10)再去中国留学。

Wǒ jīngnián èrshi'èr suì, shì dàxué sì niánjí de xuésheng. Wǒ zài dàxué xuéle liǎng nián Hànyǔ. Wǒ de zhuānyè shì Yīngyǔ, búguò wǒ hěn xǐhuan xuéxí Hànyǔ. Dàxué sān niánjí de shíhou, wǒ hái qù Zhōngguó liúguo xué, zài Běijīng xuéle bàn nián Hànyǔ. Wǒ zài Zhōngguó de shíhou, chúle Gùgōng、Chángchéng děng Běijīng yǒumíng de dìfang yǐwài, hái gēn péngyou yìqǐ qù Tiānjīn hé Xī'ān lǚxíngguo. Yīnwei wǒ hěn xǐhuan Zhōngguó de lìshǐ, suǒyǐ Běijīng hé Xī'ān wǒ dōu xǐhuan. Wǒ yě hěn xǐhuan chī Zhōngguó cài, zuì ài chī de shì Běijīng kǎoyā. Wǒ hái méi qùguo Shànghǎi, wǒ hěn xiǎng qù Shànghǎi chī xiǎolóngbāo.

Yīnwei wǒ tài xǐhuan xuéxí Hànyǔ le, suǒyǐ xiǎng bìyè yǐhòu zài qù Shànghǎi liúxué yì nián. Búguò, wǒ fùmǔ bù tóngyì wǒ bìyè hòu mǎshàng jiù qù liúxué, wǒ zhǐ néng xiān huí lǎojiā, zài yínháng gōngzuò jǐ nián yǐhòu, zài qù Zhōngguó liúxué.

訳：わたしはことし22歳で，(6)大学4年生の学生です。わたしは大学で中国語を2年間学びました。わたしの専攻は英語ですが，中国語を学ぶのが大好きです。大学3年生の時には中国に留学したこともあり，(7)北京で中国語を半年学びました。わたしは中国にいた時，(8)故宮や万里の長城など北京の有名な場所以外に，友達と一緒に天津と西安に旅行に行ったことがあります。わたしは中国の歴史が好きなので，北京と西安のどちらも好きです。わたしは中国料理も大好きで，いちばん好きなものは北京ダックです。わたしはまだ上海に行ったことがなく，上海に行ってショーロンポーを食べたいと思っています。

わたしは中国語を勉強するのが大好きで，卒業後は上海にまた1年間留学したいと思っています。でも，両親はわたしが卒業後すぐに留学しに行くことに賛成しておらず，わたしはまず実家に帰り(9)銀行で何年か働いてから(10)中国に留学するしかありません。

31 (6) 問：我现在是大学几年级的学生？ Wǒ xiànzài shì dàxué jǐ niánjí de xuésheng? わたしは今大学何年生の学生ですか。

答：① 一年级。 Yī niánjí. 1年生。

② 二年级。 Èr niánjí. 2年生。

③ 三年级。 Sān niánjí. 3年生。

❹ 四年级。 Sì niánjí. 4年生。

32 (7) 問：我在北京学过多长时间汉语？
Wǒ zài Běijīng xuéguo duō cháng shíjiān Hànyǔ?
わたしは北京で中国語をどのくらい勉強したことがありますか。

答：① 学过两年汉语。
Xuéguo liǎng nián Hànyǔ.
中国語を 2 年間勉強したことがある。

② 学过三年汉语。
Xuéguo sān nián Hànyǔ.
中国語を 3 年間勉強したことがある。

❸ **学过半年汉语。**
Xuéguo bàn nián Hànyǔ.
中国語を半年間勉強したことがある。

④ 学过一年汉语。
Xuéguo yì nián Hànyǔ.
中国語を 1 年間勉強したことがある。

33 (8) 問：我去过中国的哪些城市？
Wǒ qùguo Zhōngguó de nǎxiē chéngshì?
わたしは中国のどの都市に行ったことがありますか。

答：① 北京、上海和西安。
Běijīng、Shànghǎi hé Xī'ān.
北京，上海と西安。

❷ **北京、天津和西安。**
Běijīng、Tiānjīn hé Xī'ān.
北京，天津と西安。

③ 天津、北京和上海。
Tiānjīn、Běijīng hé Shànghǎi.
天津，北京と上海。

④ 天津、上海和西安。
Tiānjīn、Shànghǎi hé Xī'ān.
天津，上海と西安。

34 (9) 問：我毕业后要去哪儿工作？
Wǒ bìyè hòu yào qù nǎr gōngzuò?
わたしは卒業後どこで働くつもりですか。

答：① 去大学工作。
Qù dàxué gōngzuò.
大学で働く。

② 去饭店工作。
Qù fàndiàn gōngzuò.
ホテルで働く。

③ 去邮局工作。
Qù yóujú gōngzuò.
郵便局で働く。

❹ **去银行工作。**
Qù yínháng gōngzuò.
銀行で働く。

35 ⑽ 問：我打算工作几年以后做什么？
Wǒ dǎsuan gōngzuò jǐ nián yǐhòu zuò shénme?
わたしは何年か働いてからなにをするつもりですか。

答：❶ 去中国留学。
Qù Zhōngguó liúxué.
中国に留学に行く。

② 去中国旅行。
Qù Zhōngguó lǚxíng.
中国に旅行に行く。

③ 跟朋友学汉语。
Gēn péngyou xué Hànyǔ.
友達と中国語を習う。

④ 跟父母去中国。
Gēn fùmǔ qù Zhōngguó.
両親と中国に行く。

筆　記

1 ピンイン表記・声調

解答：(1)❸　(2)❹　(3)❶　(4)❸　(5)❷　(6)❷　(7)❸　(8)❶　(9)❷　(10)❶

1．2音節の単語の声調パターンが身に付いているかどうかを問うています。声調パターンは97頁の「2音節語の声調の組み合わせ」を繰り返し音読して身に付けましょう。　(2点×5)

(1) ① 号码 hàomǎ　(番号)
② 下午 xiàwǔ　(午後)
❸ 去年 qùnián　(去年)
④ 电影 diànyǐng　(映画)

(2) ① 寒假 hánjià　(冬休み)
② 学校 xuéxiào　(学校)
③ 时代 shídài　(時代)
❹ 工作 gōngzuò　(仕事)

(3) ❶ 商品 shāngpǐn　(商品)
② 交流 jiāoliú　(交流する)
③ 公园 gōngyuán　(公園)
④ 空调 kōngtiáo　(エアコン)

(4) ① 钱包 qiánbāo　(財布)
② 台风 táifēng　(台風)
❸ 首都 shǒudū　(首都)
④ 毛衣 máoyī　(セーター)

(5) ① 可乐 kělè　(コーラ)
❷ 餐厅 cāntīng　(レストラン)
③ 以后 yǐhòu　(以後)
④ 眼镜 yǎnjìng　(メガネ)

2. ピンインを正確に覚えているかどうかを問うています。正しく発音することができるかどうかは，ピンインによるチェックが効果的です。 (2 点 × 5)

⑹ 机场（空港）

① qīchǎng　❷ **jīchǎng**　③ qīchǎn　④ jīchǎn

⑺ 水果（果物）

① suǐguǒ　② suǐgǒu　❸ **shuǐguǒ**　④ shuǐgǒu

⑻ 教室（教室）

❶ **jiàoshì**　② qiàosì　③ qiàoshì　④ jiàosì

⑼ 课本（教科書）

① kùběn　❷ **kèběn**　③ kùpěn　④ kèpěn

⑽ 宿舍（寮）

❶ **sùshè**　② sùsè　③ xùshè　④ xùsè

2 空欄補充

解答：⑴❸　⑵❹　⑶❷　⑷❸　⑸❶　⑹❷　⑺❶　⑻❹　⑼❸　⑽❷

空欄に入る語はいずれも文法上のキーワードです。 (2 点 × 10)

⑴ 你有几（ 件 ）衣服?　　あなたは服を何着持っていますか。
Nǐ yǒu jǐ jiàn yīfu?

① 本 běn　② 枚 méi　❸ 件 jiàn　④ 张 zhāng

量詞の問題です。衣類（主に上着）は“件”で数えます。“本”は本など冊子状のものを，“枚”はメダルなど平らなものであまり大きくないものを，“张”は平らな面を持つものや張った平面を主体とするものを数えます。

⑵ 你的名字（ 怎么 ）写?　　あなたの名前はどう書きますか。
Nǐ de míngzi zěnme xiě?

① 哪儿 nǎr　② 什么 shénme　③ 多么 duōme　❹ 怎么 zěnme

疑問詞の問題です。動詞“写”の直前に置くことができて方法や手段を尋ねる“怎么”（どのように）が正解です。“什么”（何）は名詞の直前に置き「なんの，どんな」という意味を表しますが，動詞の前に置くことはできません。“哪儿”は「どこに」，“多么”は疑問文で用いる場合は「どれほど，どのくらい」という意味です。

(3) 我（ 对 ）中国文化很感兴趣。
Wǒ duì Zhōngguó wénhuà hěn gǎn xìngqù.
わたしは中国文化に興味があります。

① 离 lí　❷ 对 duì　③ 从 cóng　④ 跟 gēn

介詞の問題です。“对…兴趣”で「…に興味がある」という意味で，“对”は「…に対して」と動作の対象を導きます。“离”は空間的・時間的隔たりの基点を，“从”は場所や時間の起点を，“跟”は動作を共にする相手を導きます。

(4)（ 如果 ）喜欢，你就多吃一点儿吧。
Rúguǒ xǐhuan, nǐ jiù duō chī yìdiǎnr ba.
もしお好みでしたら，たくさん食べてください。

① 多么 duōme　② 所以 suǒyǐ　❸ 如果 rúguǒ　④ 还是 háishi

“就”と呼応して用い，“如果…就…”の形で「もし…なら…」と仮定関係を表す複文を構成します。“多么”は「どんなにか」，“所以”は「だから」，“还是”は「やはり」という意味で，“就”との呼応関係になく，文意にも合いません。

(5) 我昨天（ 又 ）去京都了。
Wǒ zuótiān yòu qù Jīngdū le.
わたしはきのうまた京都へ行きました。

❶ 又 yòu　② 太 tài　③ 再 zài　④ 才 cái

副詞の問題です。すでに行われた動作を繰り返す場合の「また」は“又”を用います。“再”は繰り返す動作がこれから行われる場合の「また」です。“太”は「…すぎる，あまりに…だ」，“才”は何かが実現するのに時間がかかり「やっとのこと」そうなったという意味です。

(6) 他（ 没 ）去过中国。　　彼は中国へ行ったことがありません。

Tā méi qùguo Zhōngguó.

① 不 bù　　❷ 没 méi　　③ 别 bié　　④ 无 wú

「動詞＋“过”」は「…したことがある」と経験を表し，否定形は「“没(有)”＋動詞＋“过”」です。“不”は動詞，形容詞，一部の副詞の前に置いて否定を表しますが，「動詞＋“过”」の否定には使えません。“别…”は禁止を表し「…してはいけない，…するな」，“无”は「ない」という意味で書き言葉や固定的な表現で用いられます。

(7) 这是我做（ 的 ）蛋糕。　　これはわたしが作ったケーキです。

Zhè shì wǒ zuò de dàngāo.

❶ 的 de　　② 着 zhe　　③ 了 le　　④ 得 de

“A 是 B”（A は B だ）の構造の中で，“我做”は“蛋糕”に対する修飾語です。修飾語と被修飾語をつなぎ連体修飾語を構成するのは“的”です。“着”は動詞の後に付いて状態の持続を，“了”は完了や変化を，“得”は動詞と形容詞をつなぎ様態補語を構成します。

(8) 他（ 跟 ）朋友一起来。　　彼は友人と一緒に来ます。

Tā gēn péngyou yìqǐ lái.

① 从 cóng　　② 对 duì　　③ 在 zài　　❹ 跟 gēn

介詞の問題です。行動を共にする相手を導くのは“跟”です。“从”は場所や時間の起点を，“对”は「…に対して」と動作の対象を，“在”は動作の行われる場所を表します。

(9) 你（ 别 ）喝酒了。　　お酒を飲むのをやめなさい。

Nǐ bié hē jiǔ le.

① 不会 bú huì　　② 不是 bú shì　　❸ 别 bié　　④ 没 méi

「“别”＋動詞」で「…しないで」と禁止を表します。“不会”は「(技術を習得していないので）…することができない」，“不是”は「…ではない」，“没”は「…していない，…していなかった」です。

⑽ 快要放假（ 了 ）。　　　　　　もうすぐ休みです。

Kuài yào fàngjià le.

① 吧 ba　　❷ 了 le　　③ 呢 ne　　④ 的 de

　助詞の問題です。「もうすぐ…だ」と近い未来に起こることを表すのは“快要…了”です。“吧”は推測や提案等を表すときに，“呢”は進行や持続を表すときに，“的”は連体修飾語や“是…的”構文を構成するときに用います。

3 語順選択

解答：(1)❸　(2)❶　(3)❹　(4)❹　(5)❷　(6)❷　(7)❹　(8)❶　(9)❸　(10)❸

1．文法上のキーワードを含む基本的な文を正確に組み立てることができるかどうかを問うています。　（2点×5）

⑴ この絵はあの絵ほど良くありません。

① 这幅画那幅画没有好。

② 这幅画好没有那幅画。

❸ 这幅画没有那幅画好。Zhè fú huà méiyǒu nà fú huà hǎo.

④ 这幅画好那幅画没有。

　「AはBほど…ではない」という比較の表現の否定形は「A＋“没有”＋B＋形容詞」の語順です。

⑵ きのう，わたしは9時にはもう寝ました。

❶ 昨天我九点就睡觉了。Zuótiān wǒ jiǔ diǎn jiù shuìjiào le.

② 昨天我就九点睡觉了。

③ 昨天我九点了就睡觉。

④ 昨天我就睡觉了九点。

　「いつ」を表す語は動詞より先に言わなくてはなりません。副詞“就”は動詞の直前に置き、「いつ＋“就”＋動詞」で「その時にはもう…」という意味になります。完了を表す“了”は目的語を伴わなければ動詞のすぐ後に置きます。

(3) 姉はわたしより5歳年上です。

① 姐姐大我比五岁。

② 姐姐比我五岁大。

③ 姐姐五岁比我大。

❹ **姐姐比我大五岁。**Jiějie bǐ wǒ dà wǔ suì.

「AはBよりどれだけ…だ」という比較の表現は「A +“比”+ B +形容詞+差を表す語」の語順で表現します。姉とわたしは「5歳」の年齢差があるので，“比我”の後に形容詞“大”を用い，差を表す“五岁”をそのあとに続けます。

(4) わたしたちも全員が留学生というわけではありません。

① 我们不都也是留学生。

② 我们都也不是留学生。

③ 我们也都不是留学生。

❹ **我们也不都是留学生。**Wǒmen yě bù dōu shì liúxuéshēng.

部分否定は「“不都”+動詞」の語順です。また，“也”“都”は常に“也都”の順なので，“也不都是”とします。全否定は“也都不是”です。

(5) わたしは料理を作るのがあまり上手ではありません。

① 我做得菜做不太好。

❷ **我做菜做得不太好。**Wǒ zuò cài zuòde bú tài hǎo.

③ 我做得不太好做菜。

④ 我不太好做菜做得。

「…のしかたが…だ」は様態補語を使って表現します。目的語と様態補語はいずれも動詞の直後に置きますが，その語順は「(動詞+) 名詞+動詞+“得”+形容詞」のように，最初に目的語に当たる名詞を，次に“得”を用いて様態補語「“得”+形容詞」を置きます。

2. 与えられた語句を用いて正確に文を組み立てることができるかどうかを問うています。 (2点×5)

(6) 郵便局は学校の近くにあります。

① 邮局　［　❷ 在　］　③ 学校　④ 附近。
Yóujú zài xuéxiào fùjìn.

「人・モノ＋“在”＋場所」の語順で，ある人・モノがある場所に存在していることを表します。

⑺ 父は毎日車で出勤します。
爸爸　② 每天　［　❹ 开车　］　① 去　③ 上班。
Bàba měi tiān kāichē qù shàngbān.

連動文は実際に行う動作の順に動詞（フレーズ）を並べます。この文は前の動詞“开车”が後の動作・行為“去上班”がどのような方法や手段で行われるかを表しています。「いつ」を表す時間詞“每天”は動詞の前に置きます。

⑻ 子どもたちは教室を駆け出して行きました。
孩子们　② 跑出　③ 教室　［　❶ 去　］　④ 了。
Háizimen pǎochū jiàoshì qu le.

「駆け出して行く」は「動詞“跑”＋複合方向補語“出去”」です。「動詞＋複合方向補語」が場所を表す目的語がを伴う場合には，“来”または“去”の前に目的語を置きます。“出去”の間に“教室”が割って入ります。“了”は方向補語の後に置きます。

⑼ わたしは毎年祖父に誕生日プレゼントをあげます。
我　① 每年　② 给　［　❸ 爷爷　］　④ 生日礼物。
Wǒ měi nián gěi yéye shēngrì lǐwù.

動詞“给”は人とモノ・コトの二重目的語を取ることができます。「誰々に（間接目的語）＋何々を（直接目的語）」の語順です。また，「いつ」を表す時間詞“每年”は動詞の前に置きます。

⑽ わたしは昨年中国へ3回行きました。
我　② 去年　［　❸ 去了　］　① 三次　④ 中国。
Wǒ qùnián qùle sān cì Zhōngguó.

「時点＋動詞＋動作量＋目的語」の語順です。動作の回数は「動詞＋回数＋(目的語)」の語順で表し，「3回行った」は“去了三次”とします。動作を行った時点を表す“去年”は動詞句の前に置きます。

4 長文読解

解答：(1)❹ (2)❶ (3)❸ (4)❷ (5)❶ (6)❹

まとまった内容の長文を正確に理解できるかどうかを問うています。

我和我爱人都很喜欢去旅游。我们两个工作都很忙，但是每年都会一起去旅游。我们有一个十二岁的儿子，每年暑假，我们都和儿子去旅游，我们的暑假过得非常愉快。但是，(6)今年的暑假 (1)跟 以前不一样，他和一个同学去同学奶奶家玩儿了一个星期。同学奶奶家在海边， (2)离 山也很近。在这一个星期里，儿子和同学每天吃完早饭就去游泳，或者去山里玩儿。他们每天带 (3)着 同学奶奶做的三明治和面包，在山上或者海边吃，天黑了 (4)才 回到同学奶奶家。

暑假之前，我们听儿子说要去同学奶奶家的时候，有点儿担心，因为他没有一个人在别人家住过，会不会想家呢？每天晚上我们都想 (5)给 他打电话，但一次也没打。儿子回来的时候，我们一看他就知道他成长了很多，我们都很高兴。

Wǒ hé wǒ àiren dōu hěn xǐhuan qù lǚyóu. Wǒmen liǎng ge gōngzuò dōu hěn máng, dànshì měi nián dōu huì yìqǐ qù lǚyóu. Wǒmen yǒu yí ge shí'èr suì de érzi, měi nián shǔjià, wǒmen dōu hé érzi qù lǚyóu, wǒmen de shǔjià guòde fēicháng yúkuài. Dànshì, jīnnián de shǔjià gēn yǐqián bù yíyàng, tā hé yí ge tóngxué qù tóngxué nǎinai jiā wánrle yí ge xīngqī. Tóngxué nǎinai jiā zài hǎibiān, lí shān yě hěn jìn. Zài zhè yí ge xīngqī li, érzi hé tóngxué měi tiān chīwán zǎofàn jiù qù yóuyǒng, huòzhě qù shānli wánr. Tāmen měi tiān dài zhe tóngxué nǎinai zuò de sānmíngzhì hé miànbāo, zài shānshang huòzhě hǎibiān chī, tiān hēi le cái huídào tóngxué nǎinai jiā.

Shǔjià zhīqián, wǒmen tīng érzi shuō yào qù tóngxué nǎinai jiā de shíhou, yǒudiǎnr dānxīn, yīnwei tā méiyou yí ge rén zài biérén jiā zhùguo, huì bu huì xiǎng jiā ne? Měi tiān wǎnshang wǒmen dōu xiǎng gěi tā dǎ diànhuà, dàn yí cì yě méi dǎ. Érzi huílai de shíhou, wǒmen yí kàn tā jiù zhīdao tā chéngzhǎngle hěn duō, wǒmen dōu hěn gāoxìng.

訳：わたしと夫（妻）はどちらも旅行が大好きです。わたし達は2人とも仕事が忙しいですが，毎年一緒に旅行に行きます。わたし達には12歳の息子がひとりいます。毎年夏休みにわたし達は息子と旅行に行き，夏休みをとても楽しく過ごします。しかし，(6)ことしの夏休みはこれまでとは違っていました。彼はことしは同級生と一緒に同級生のおばあさんの家に1週間遊びに行きました。同級生のおばあさんの家は海辺にあり，山にも近い。この1週間，息子と同級生は毎日朝ごはんを食べ終わったら泳ぎに行ったり山に遊びに行ったりしました。彼らは毎日同級生のおばあさんが作ったサンドウィッチとパンを持って，山の上か海辺で食べ，空が暗くなってからようやくおばあさんの家に帰りました。

夏休み前，わたし達は息子が同級生のおばあさんの家に行きたいと言うのを聞いた時，少し心配しました。彼はひとりでよその人の家に泊まったことがないので，ホームシックになりはしないだろうか。毎晩わたし達は彼に電話をかけたくなりましたが，一度もかけませんでした。息子が帰って来た時，わたし達は彼を一目見るなり，彼がとても成長したことがわかり，とてもうれしかった。

(1) 空欄補充 (3点)

① 在 zài　② 对 duì　③ 向 xiàng　❹ 跟 gēn

介詞の問題です。“跟…一样／不一样”で「…と同じ／同じでない」という意味です。“在”は動作の場所を，“对”は動作の対象を，“向”は動作の移動方向を導きます。

(2) 空欄補充 (3点)

❶ 离 lí　② 从 cóng　③ 往 wǎng　④ 和 hé

介詞の問題です。2点間の空間的・時間的隔たりの基点を導く介詞は“离”で，距離感を表す形容詞“近”や“远”と共に用います。“从”は場所や時間の起点を，“往”は動作の向かう方向を，“和”は動作を共にする相手を導きます。

(3) 空欄補充 (3点)

① 了 le　② 过 guo　❸ 着 zhe　④ 的 de

“着”は状態の持続を表し，「動詞$_1$＋“着”（＋名詞）＋動詞$_2$」のように，同一主語が２つの動詞を伴う場合に前の動詞に着いて，後の動作がどのような状態のもとに行われるかを表します。“了”は動詞の後に用いて動作の完了や変化を，“过”は動詞に着いて「…したことがある」と過去の経験を意味し，“的”は連体修飾語や“是…的”構文を構成します。

(4) 空欄補充 (4点)

① 还 hái　❷ 才 cái　③ 都 dōu　④ 也 yě

副詞の問題です。「空が暗くなる」ほど遅くまで遊んでからやっと「同級生のおばあさんの家に帰った」ので“天黑了”と“回到同学奶奶家”をつなぐ語として，「ようやく，やっと」という意味の“才”を選びます。“还”は「まだ，さらに」，“都”は「みな，すべて」，“也”は「も，また」を意味します。

(5) 空欄補充 (3点)

❶ 给 gěi　② 对 duì　③ 向 xiàng　④ 往 wǎng

介詞の問題です。動作の受け手を導く“给”を用い，“给…打电话”で「…に電話する」を表します。“对”は動作の対象を，“向”は動作の向かう方向や相手を，“往”は動作の向かう方向を導きます。

(6) 内容不一致 (4点)

① 同学的奶奶每天给他们做午饭。
Tóngxué de nǎinai měi tiān gěi tāmen zuò wǔfàn.
同級生のおばあさんは毎日彼らに昼食を作りました。

② 这是我儿子第一次在别人家住。
Zhè shì wǒ érzi dì-yī cì zài biérén jiā zhù.
今回わたしの息子が初めてよその人の家に泊まりました。

③ 这个暑假儿子有了很大的变化。
Zhège shǔjià érzi yǒule hěn dà de biànhuà.
この夏休み，息子にはとても大きな変化がありました。

❹ 今年暑假我是和儿子一起过的。
Jīnnián shǔjià wǒ shì hé érzi yìqǐ guò de.
ことしの夏休み，わたしは息子と一緒に過ごしたのです。

①は5～6行目に“他们每天带着同学奶奶做的三明治和面包”とあり，②は8～9行目に“他没有一个人在别人家住过”とあり，③は10行目に“儿子回来的时候，我们一看他就知道他成长了很多”とあることから内容が一致します。④は3～4行目に“今年的暑假跟以前不一样，他和一个同学去同学奶奶家玩儿了一个星期”とあることから一致しません。

5 日文中訳

(4点×5)

(1) あなたの身長はどのくらいですか。

你有多高？ Nǐ yǒu duō gāo?

「どれくらい…か」は「“有”＋“多”＋形容詞」です。身長をたずねるときには“多高”を使います。

(2) わたしはあの雑誌を読み終えました。

我看完那本杂志了。Wǒ kànwán nà běn zázhì le.

「読み終える」は結果補語を使って「動詞“看”＋結果補語“完”」，目的語“那本杂志”はその後に続けます。“了”を動詞“看完”の後に移動して“我看完了那本杂志”としてもかまいません。

(3) わたしは牛乳を買いたいですが，あなたは？

我想买牛奶，你呢？ Wǒ xiǎng mǎi niúnǎi, nǐ ne?

「…したい」は“想”を用い「助動詞“想”＋動詞」，または“要”を使っても構いません。「あなたは？」は名詞相当語句の後に“呢”を用いて，提示した人やモノについてどうであるのかを聞く疑問文を作ります。

(4) 兄はお風呂に入っているところです。

哥哥在洗澡呢。Gēge zài xǐzǎo ne.

進行中であることを表す場合は，動詞の前に“在”を置き「“在”＋動詞（＋“呢”）」とします。文末に“呢”を置いて動作の進行を表すことも可能です。

⑸ 張先生はわたしたちに音楽を教えています。

张老师教我们音乐。 Zhāng lǎoshī jiāo wǒmen yīnyuè.

　動詞“教”は二重目的語を取ることができます。語順は動詞に近い方から「人＋モノ・コト」になります。「誰々に（間接目的語）＋何々を（直接目的語）」の語順に注意しましょう。

2音節語の声調の組み合わせ

中検4級および3級の試験において，これまでに声調の組み合わせを問う問題として出題された単語の一部を下に掲げる。各組み合わせ3語のうち初めの2語は名詞，後の1語は動詞または形容詞である。繰り返し音読して2音節語の声調の組み合わせを身に付けられたい。

1 第1声＋第1声

□ 飞机 fēijī　飛行機
□ 公司 gōngsī　会社
□ 开车 kāichē　車を運転する

2 第1声＋第2声

□ 公园 gōngyuán　公園
□ 新闻 xīnwén　ニュース
□ 帮忙 bāngmáng　手伝う

3 第1声＋第3声

□ 黑板 hēibǎn　黒板
□ 铅笔 qiānbǐ　鉛筆
□ 开始 kāishǐ　始める

4 第1声＋第4声

□ 工作 gōngzuò　仕事，業務
□ 商店 shāngdiàn　商店，店
□ 关照 guānzhào　世話をする

5 第1声＋軽声

□ 窗户 chuāng·hu　窓
□ 西瓜 xī·guā　スイカ
□ 商量 shāng·liang　相談する

6 第2声＋第1声

□ 房间 fángjiān　部屋，ルーム
□ 毛巾 máojīn　タオル
□ 滑冰 huábīng　スケートをする

7 第2声＋第2声

□ 银行 yínháng　銀行
□ 邮局 yóujú　郵便局
□ 学习 xuéxí　学習する

8 第2声＋第3声

□ 啤酒 píjiǔ　ビール
□ 苹果 píngguǒ　リンゴ
□ 游泳 yóuyǒng　泳ぐ

9 第2声＋第4声

□ 节目 jiémù　番組
□ 名片 míngpiàn　名刺
□ 同意 tóngyì　同意する

10 第2声＋軽声

□ 名字 míng·zi　名前
□ 朋友 péng·you　友人
□ 觉得 jué·de　覚える，感じる

〈**軽声について**〉　軽声になる音節の前には chuāng·hu（窗户）のように・印を付けてある。xī·guā（西瓜），fù·qīn（父亲）のように・印の後の音節に声調が付いているものは，その音節が場合によって軽声にも非軽声にも発音されることを示している。

11　第3声＋第1声

- □ 老师 lǎoshī　（学校の）先生
- □ 手机 shǒujī　携帯電話
- □ 打工 dǎgōng　アルバイトをする

12　第3声＋第2声

- □ 导游 dǎoyóu　旅行ガイド
- □ 法国 Fǎguó　フランス
- □ 旅行 lǚxíng　旅行する

13　第3声＋第3声

- □ 手表 shǒubiǎo　腕時計
- □ 水果 shuǐguǒ　果物
- □ 洗澡 xǐzǎo　入浴する

14　第3声＋第4声

- □ 比赛 bǐsài　競技，試合
- □ 领带 lǐngdài　ネクタイ
- □ 访问 fǎngwèn　訪ねる

15　第3声＋軽声

- □ 耳朵 ěr·duo　耳
- □ 眼睛 yǎn·jing　目
- □ 喜欢 xǐ·huan　好む，愛する

16　第4声＋第1声

- □ 电梯 diàntī　エレベーター
- □ 面包 miànbāo　パン
- □ 上班 shàngbān　出勤する

17　第4声＋第2声

- □ 课文 kèwén　テキストの本文
- □ 地图 dìtú　地図
- □ 上学 shàngxué　学校へ行く

18　第4声＋第3声

- □ 报纸 bàozhǐ　新聞
- □ 电脑 diànnǎo　コンピューター
- □ 跳舞 tiàowǔ　ダンスをする

19　第4声＋第4声

- □ 电视 diànshì　テレビ
- □ 饭店 fàndiàn　ホテル
- □ 毕业 bìyè　卒業する

20　第4声＋軽声

- □ 父亲 fù·qīn　お父さん
- □ 豆腐 dòu·fu　豆腐
- □ 告诉 gào·su　告げる，知らせる

中国語検定試験について

一般財団法人 日本中国語検定協会が実施し，中国語運用能力を認定する試験です。受験資格の制限はありません。また，目や耳，肢体などが不自由な方には特別対応を講じます。中国語検定試験の概要は以下のとおりです。詳しくは後掲（102 頁）の日本中国語検定協会のホームページや，協会が発行する「受験案内」をご覧いただくか，協会に直接お問い合わせください。

認定基準と試験内容

準4級	**中国語学習の準備完了** 学習を進めていくうえでの基礎的知識を身につけている。 （一般大学の第二外国語において半年以上，高等学校において一年以上，中国語専門学校・講習会等において半年以上の学習程度。） 基礎単語約 500，日常あいさつ語約 80 から ○単語・語句の発音，数を含む表現，日常生活における基本的な問答及びあいさつ表現の聞き取り ○単語・語句のピンイン表記 ○基礎的な文法事項及び単文の組み立て ○簡体字の書き取り
4　級	**中国語の基礎をマスター** 平易な中国語を聞き，話すことができる。 （一般大学の第二外国語において一年以上の学習程度。） 常用語約 1,000 から ○日常生活における基本的な問答，比較的長い会話文または文章の聞き取りと内容理解 ○単語・語句のピンイン表記・声調 ○基本的な文法事項及び文法事項を含む単文の組み立て ○比較的長い文章の内容理解 ○日本語の中国語訳（記述式）
3　級	**自力で応用力を養いうる能力の保証（一般的事項のマスター）** 基本的な文章を読み，書くことができる。 簡単な日常会話ができる。 （一般大学の第二外国語において二年以上の学習程度。） 常用語約 2,000 から ○日常生活における基本的な問答，比較的長い会話文または文章の聞き取りと内容理解 ○単語・語句のピンイン表記・声調 ○基本的な文法事項及び文法事項を含む単文・複文の組み立て ○比較的長い文章の内容理解 ○日本語の中国語訳（記述式）

2　級	**実務能力の基礎づくり完成の保証** 複文を含むやや高度な中国語の文章を読み，３級程度の文章を書くことができる。 日常的な話題での会話ができる。 日常生活全般及び社会生活の基本的事項における中国語から ○日常会話及び長文の聞き取りと内容理解 ○長文読解と長文中の語句に関する理解 ○正しい語順と語句の用法，熟語・慣用句を含む語句の解釈 ○長文中の指定語句の書き取り及び指定文の日本語訳（記述式） ○日本語の中国語訳（記述式） ○与えられた語句を用いたテーマに沿った中国語作文（記述式）
準１級	**実務に即従事しうる能力の保証（全般的事項のマスター）** 社会生活に必要な中国語を基本的に習得し，通常の文章の中国語訳・日本語訳，簡単な通訳ができる。 日常生活及び社会生活全般における，新聞・雑誌・文学作品・実用文のほか，時事用語などを含むやや難度の高い中国語から **（一次）** ○長文の聞き取りと内容理解 ○長文中の指定文の書き取り（記述式） ○長文読解と長文中の語句に関する理解 ○語句の用法，熟語・慣用句を含む語句の解釈 ○長文中の指定語句の書き取り及び指定文の日本語訳（記述式） ○比較的長い日本語の中国語訳（記述式） ○与えられた語句を用いたテーマに沿った中国語作文（記述式） **（二次）** ○日常会話，簡単な日本語・中国語の逐次通訳及び中国語スピーチ
1　級	**高いレベルで中国語を駆使しうる能力の保証** 高度な読解力・表現力を有し，複雑な中国語及び日本語（あいさつ・講演・会議・会談等）の翻訳・通訳ができる。 日常生活及び社会生活全般における，新聞・雑誌・文学作品・実用文のほか，時事用語などを含む難度の高い中国語から **（一次）** ○長文の聞き取りと内容理解 ○長文中の指定文の書き取り（記述式） ○長文読解と長文中の語句に関する理解 ○語句の用法，熟語・慣用句を含む語句の解釈 ○長文中の指定文の日本語訳（記述式） ○比較的長い日本語の中国語訳（記述式） ○与えられた語句を用いたテーマに沿った中国語作文（記述式） **（二次）** ○難度の高い日本語・中国語の逐次通訳

日程と時間割

準4級，4級，3級，2級及び準1級の一次試験は3月，6月，11月の第4日曜日の年3回，1級の一次試験は11月の第4日曜日の年1回実施します。

一次試験は次の時間割で実施し，午前の級と午後の級は併願できます。

午前			午後		
級	集合時間	終了予定時間	級	集合時間	終了予定時間
準4級	10:00	11:05	4級	13:30	15:15
3級		11:55	2級		15:45
準1級		12:15	1級		15:45

※　2024年3月試験より準4級・4級の試験時間を変更しました。

準1級と1級の二次試験は，一次試験合格者及び一次試験免除者を対象に，一次が3月・6月の場合は5週間後，一次が11月の場合は翌年1月の第2日曜日に実施します。（協会ホームページに日程掲載）

受験会場

全国主要都市に約30か所，海外は3か所を予定しています。二次試験は，原則としてZoomによるオンラインで実施します（2024年4月現在）。

受験料（税込）

郵送またはインターネットで受付けます。

準4級	4級	3級	2級	準1級	1級
3,500円	4,800円	5,800円	7,800円	9,800円	11,800円

（2024年4月現在）

出題・解答の方式，配点，合格基準点

級	種類	方式	配点	合格基準点
準4級	リスニング	選択式	50点	60点
	筆記	選択式・記述式	50点	
4級	リスニング	選択式	100点	60点
	筆記	選択式・記述式	100点	60点
3級	リスニング	選択式	100点	65点
	筆記	選択式・記述式	100点	65点

2 級	リスニング	選択式	100 点	70 点
	筆　記	選択式・記述式	100 点	70 点
準1級	リスニング	選択式・記述式	100 点	75 点
	筆　記	選択式・記述式	100 点	75 点
1 級	リスニング	選択式・記述式	100 点	85 点
	筆　記	選択式・記述式	100 点	85 点

・解答は，マークシートによる選択式及び一部記述式を取り入れています。また，録音によるリスニングを課し，特に準１級・１級にはリスニングによる書き取りを課しています。
・記述式の解答は，簡体字の使用を原則としますが，２級以上は特に指定された場合を除き，簡体字未習者の繁体字使用は妨げません。ただし，字体の混用は減点の対象とします。
・４級～１級は，リスニング・筆記ともに合格基準点に達していないと合格できません。準４級は合格基準点に達していてもリスニング試験を受けていないと不合格となります。
・合格基準点は，難易度を考慮して調整することがあります。

二次試験内容

準１級は，面接委員との簡単な日常会話，口頭での中文日訳と日文中訳，指定されたテーマについての口述の３つの試験を行い，全体を通しての発音・イントネーション及び語彙・文法の運用能力の総合的な判定を行います。10～15分程度。合格基準点は 75 点／ 100 点

１級は，面接委員が読む中国語長文の日本語訳と，日本語長文の中国語訳の２つの試験を行います。20～30 分程度。合格基準点は各 85 点／ 100 点

一般財団法人 日本中国語検定協会
〒 103-8468　東京都中央区東日本橋 2-28-5 協和ビル
Tel：03-5846-9751　Fax：03-5846-9752
ホームページ：http://www.chuken.gr.jp
E-mail：info@chuken.gr.jp

試験結果データ（2023 年実施分）

L：リスニング　W：筆記　口試 1：中文日訳　口試 2：日文中訳

第108回	準４級	４級	３級	２級	準１級	準１級二次	１級一次	１級二次
		L / W	L / W	L / W	L / W	口試	L / W	口試1/口試2
合格基準点	60	60(55)/60	65(55)/65(60)	70(65)/70	75/75	75	−	−
平均点	74.1	63.3/70.6	57.1/69.7	62.9/64.3	66.5/63.3	84.3	−	−
志願者数	1,176	1,651	1,958	896	355	62	−	−
受験者数	1,004	1,443	1,703	804	316	58	−	−
合格者数	808	856	809	235	61	56	−	−
合格率	80.5%	59.3%	47.5%	29.2%	19.3%	96.6%	−	−

第109回	準４級	４級	３級	２級	準１級一次	準１級二次	１級一次	１級二次
		L / W	L / W	L / W	L / W	口試	L / W	口試1/口試2
合格基準点	60	60(55)/60(55)	65(50)/65(50)	70(65)/70(65)	75/75	75	−	−
平均点	66.4	64.2/64.3	53.2/61.9	59.2/59.7	61.1/60.6	87.0	−	−
志願者数	973	1,449	1,892	946	377	57	−	−
受験者数	848	1,282	1,670	871	338	52	−	−
合格者数	596	764	819	269	54	49	−	−
合格率	70.3%	59.6%	49.0%	30.9%	16.0%	94.2%	−	−

第110回	準４級	４級	３級	２級	準１級一次	準１級二次	１級一次	１級二次
		L / W	L / W	L / W	L / W	口試	L / W	口試1/口試2
合格基準点	60	60(55)/60(55)	65/65	70/70	75/75	75	85/85	85/85
平均点	67.3	66.4/63.5	65.5/66.7	72.3/63.0	65.5/68.1	85.6	76.5/71.5	72.2/69.2
志願者数	2,085	2,085	2,363	1,180	346	81	214	28
受験者数	1,875	1,819	2,063	1,043	306	79	204	28
合格者数	1,246	1,086	895	345	76	77	22	10
合格率	66.5%	59.7%	43.4%	33.1%	24.8%	97.5%	10.8%	35.7%

※　二次志願者数には，一次試験免除者を含みます。

※　合格基準点欄（　）内の数字は，難易度を考慮して当該回のみ適用された基準点です。

第　　回　　4級　解答用紙

受験番号						
会場						
氏名						

リスニング

1

(1)	1	2	3	4
(2)	1	2	3	4
(3)	1	2	3	4
(4)	1	2	3	4
(5)	1	2	3	4
(6)	1	2	3	4
(7)	1	2	3	4
(8)	1	2	3	4
(9)	1	2	3	4
(10)	1	2	3	4

2

(1)	1	2	3	4
(2)	1	2	3	4
(3)	1	2	3	4
(4)	1	2	3	4
(5)	1	2	3	4
(6)	1	2	3	4
(7)	1	2	3	4
(8)	1	2	3	4
(9)	1	2	3	4
(10)	1	2	3	4

筆記

1

(1)	1	2	3	4
(2)	1	2	3	4
(3)	1	2	3	4
(4)	1	2	3	4
(5)	1	2	3	4
(6)	1	2	3	4
(7)	1	2	3	4
(8)	1	2	3	4
(9)	1	2	3	4
(10)	1	2	3	4

2

(1)	1	2	3	4
(2)	1	2	3	4
(3)	1	2	3	4
(4)	1	2	3	4
(5)	1	2	3	4
(6)	1	2	3	4
(7)	1	2	3	4
(8)	1	2	3	4
(9)	1	2	3	4
(10)	1	2	3	4

3

(1)	1	2	3	4
(2)	1	2	3	4
(3)	1	2	3	4
(4)	1	2	3	4
(5)	1	2	3	4
(6)	1	2	3	4
(7)	1	2	3	4
(8)	1	2	3	4
(9)	1	2	3	4
(10)	1	2	3	4

4

(1)	1	2	3	4
(2)	1	2	3	4
(3)	1	2	3	4
(4)	1	2	3	4
(5)	1	2	3	4
(6)	1	2	3	4

5

		点数
(1)		
(2)		
(3)		
(4)		
(5)		

カバーデザイン：トミタ制作室

音声ストリーミング，ダウンロード

中検4級試験問題2024［第108・109・110回］解答と解説

2024年4月22日　初版印刷
2024年4月28日　初版発行

編　者　一般財団法人 日本中国語検定協会
発行者　佐藤和幸
発行所　白 帝 社

〒171-0014　東京都豊島区池袋2-65-1
TEL 03-3986-3271　FAX 03-3986-3272
info@hakuteisha.co.jp　https://www.hakuteisha.co.jp/

印刷 倉敷印刷(株)／製本 (株)ティーケー出版印刷

Printed in Japan　〈検印省略〉　6914　ISBN978-4-86398-582-7

＊定価はカバーに表示してあります。